REISELUST & BASTELSPASS

DAS KREATIVE MITMACHBUCH FÜR KINDER

JESSICA STUCKSTÄTTE

EMF

EIN BUCH DER
EDITION MICHAEL FISCHER

Inhalt

Vorlage Null-Langeweile-Kekse, Seite 28
Schneide die Kärtchen entlang der schwarzen Linien aus. Die Kärtchen
findest du auch unter www.emf-verlag.de/reiselust zum Ausdrucken.

Überlege:
Welche Tiere wohnen in der Wüste?

Schätze, wie viele Gegenstände
ihr dabeihabt.

Male alle roten Früchte auf.
Welche kennst du?

Rechne dein Alter immer x 2.
Wie weit kommst du?

Frage nach: Was wollten deine Eltern
werden, wenn sie groß sind?

Singt nacheinander
eure Lieblingslieder!

Wer von euch kann am längsten auf
einem Bein stehen? Probiert es aus!

Wer kann am längsten die Luft
anhalten? Probiert es aus!

Kannst du auf den Kopf gedrehte
Bücher lesen? Probiere es aus!

Überlege:
Warum ist der Himmel blau?

Wie sieht deine Stadt von oben aus?
Male sie auf!

Wer von euch kann am schnellsten
das Alphabet aufsagen?

Finde alle blauen Gegenstände um
dich herum. Male sie auf!

Wie lauten eure Namen rückwärts
ausgesprochen?

Kannst du dich an deinen ersten Tag
im Kindergarten erinnern?
Was hast du gedacht?

Überlege:
Welche Tiere wohnen auf dem Baum?

Male dein Lieblingskuscheltier!

Überlege:
Welche Tiere halten Winterschlaf?

Wie oft kannst du diesen Zettel falten?
Probiere es aus!

Überlege: Welche Verkehrsschilder
kennst du?

Bibliografische Information der Deutschen Bibliothek.

Die Deutsche Bibliothek verzeichnet diese Publikation in der deutschen Nationalbibliografie. Detaillierte bibliografische Daten sind im Internet über http://www.d-nb.de/ abrufbar.

EIN BUCH DER EDITION MICHAEL FISCHER

1. Auflage 2015

Alle Rechte dieser Ausgabe bei © Edition Michael Fischer GmbH, Igling

Vielen Dank für die Produktausleihen auf der Seite 93 der Firma Schleich GmbH.
Schleich sowie das Schleich-Logo sind eingetragene Marken der Schleich GmbH, Deutschland. Dieses Produkt ist hergestellt mit freundlicher Genehmigung der Schleich GmbH. Die Schleich GmbH ist jedoch für den Inhalt und die Gestaltung dieses Produktes nicht verantwortlich.

Covergestaltung: Tim Anadere
Fotos: Maren Stöver, www.marenstoever.de
Illustrationen: Jessica Stuckstätte, www.kinnertied.de
Satz: Friederike Winter, Leipzig
Redaktion und Lektorat: Annika Christof, Natascha Mössbauer

ISBN 978-3-86355-325-8

Printed in Slovakia

www.emf-verlag.de

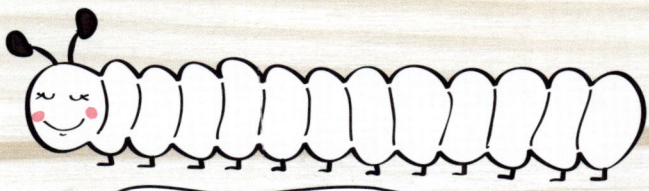
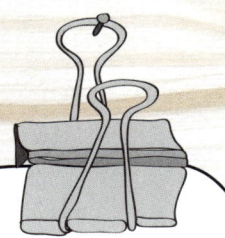

Juhu!

Bald fahren wir in den Urlaub!

Endspurt!

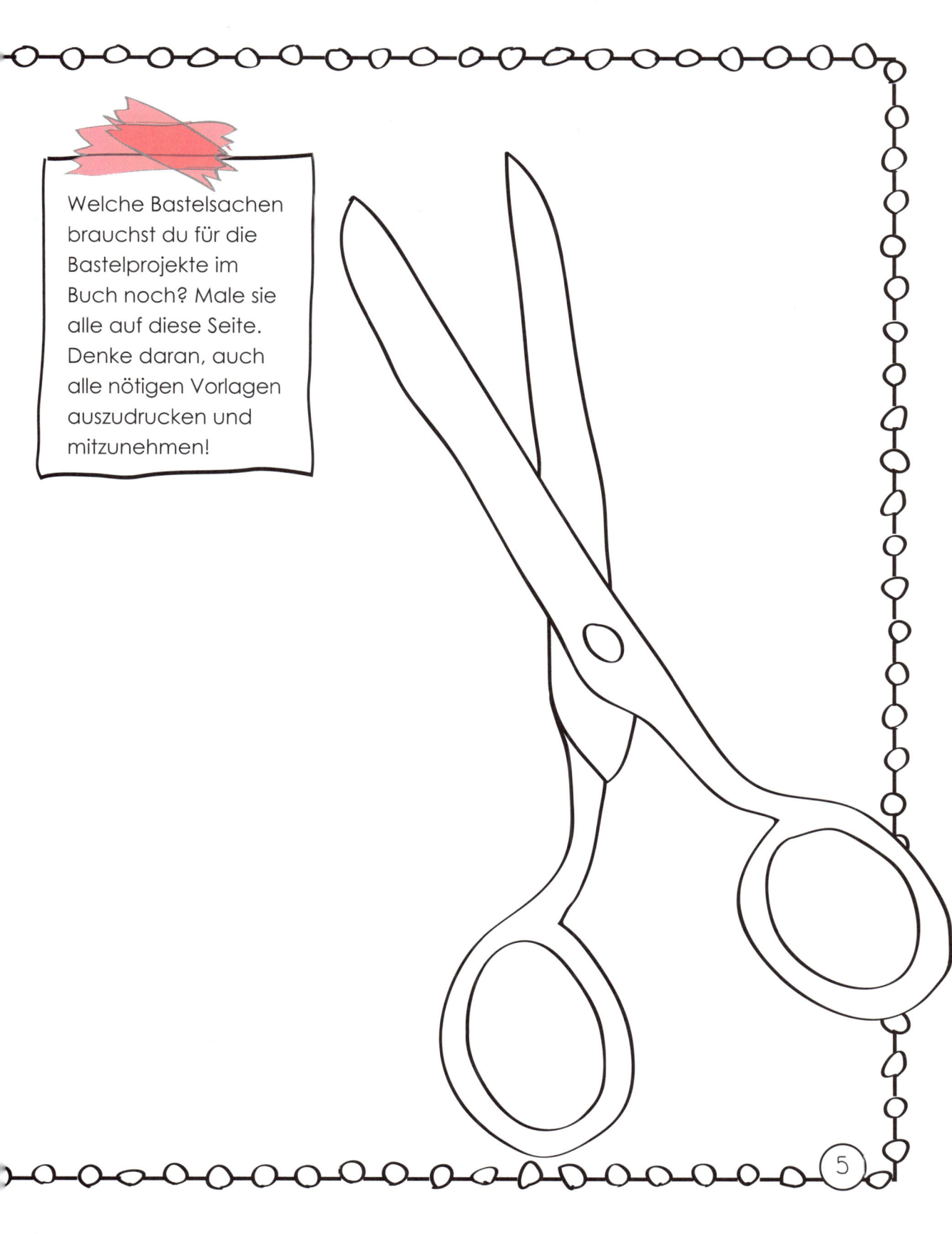

Welche Bastelsachen
brauchst du für die
Bastelprojekte im
Buch noch? Male sie
alle auf diese Seite.
Denke daran, auch
alle nötigen Vorlagen
auszudrucken und
mitzunehmen!

Der Reise-Countdown

NOCH
19 Tage

NOCH
11 Tage

NOCH
17 Tage

NOCH
16 Tage

NOCH
1 Tag

Bereite mit deinen Eltern die Brotzeit für unterwegs vor!

NOCH
15 Tage

NOCH
18 Tage

NOCH
5 Tage

Sind deine Lieblings-kleidungsstücke alle gewaschen?

NOCH
20 Tage

NOCH
8 Tage

NOCH
12 Tage

Schaue dir unsere Bastelideen zur Vorbereitung auf den Urlaub an – es ist Bastelzeit!

Mache mit deinen Eltern die letzten Besorgungen in der Stadt!

NOCH
4 Tage

NOCH
13 Tage

NOCH
3 Tage

NOCH
10 Tage

Schnappe dir deinen Koffer und packe ihn. In zwei Tagen ist es so weit!

NOCH
2 Tage

NOCH
6 Tage

JUHU

0 Tage

Endlich geht es los! Heute macht ihr euch auf den Weg in den Urlaub. Denke daran, deine Zahnbürste und dein Kuscheltier einzupacken!

NOCH
14 Tage

NOCH
7 Tage

NOCH
9 Tage

Unser Urlaub

Wo:

Wann:

Wir fahren alle mit:
Klebe ein Familienfoto
in den Rahmen. Du
hast kein Foto zur
Hand? Kein Problem,
schnappe dir ein paar
Buntstifte und male
ein Gruppenbild.

Mein Urlaubsland:

Fläche: _____

Einwohner: _____

Hauptstadt: _____

Sprache: _____

Religion: _____

Staatsoberhaupt: _____

Zeichne die Umrisse des Urlaubslands
ein. Wo genau fahrt ihr hin?

9

Fremdes Land – fremde Sprache

Ciao

Hola

Hallo

Bonjour

Γεια σας Geia sas

Hello

Merhaba

Witaj

你好 ni hao

In einem fremden Land kommt man in Kontakt mit den Einheimischen. Da kann es hilfreich sein, wenn du das ein oder andere Wort ihrer Sprache verstehst und selber sprechen kannst. Kennst du die Übersetzung für die unten stehenden Ausdrücke?

Hallo: _____

Bitte: _____

Danke: _____

Ja: _____

Nein: _____

Rechts: _____

Links: _____

Wie geht es dir?: _____

Wo ist die Toilette?: _____

Auf Wiedersehen: _____

Wie komme ich zum …?: _____

Guten Appetit: _____

Bis morgen!: _____

Ich finde dich toll!: _____

So sagt man in den unterschiedlichen Ländern „Hallo". Kannst du die Länder zuordnen? Auf Seite 108 findest du die Auflösung.

20P

An:

Straße:

Stadt:

An:

Straße:

Stadt:

An:

Straße:

Stadt:

An:

Straße:

Stadt:

An:

Straße:

Stadt:

An:

Straße:

Stadt:

Trage hier die Adresse deiner Lieben ein, denen du eine Postkarte schicken möchtest.

>>> ▷ Ab die Post! ◁ ⋘

Du brauchst:

- ⇛ 1 langen Stoffstreifen, etwa 50 × 10 cm
- ⇛ Stecknadeln
- ⇛ Nähmaschine
- ⇛ Vorlage für den Jeansstoff auf Seite 109 oder zum Ausdrucken auf www.emf-verlag.de/reiselust
- ⇛ Backpapier
- ⇛ Bleistift
- ⇛ Schere
- ⇛ 1 Reststück Jeans, etwa 20 × 10 cm
- ⇛ weißen Buntstift
- ⇛ 2 Schlüsselringe

Schätze, wie viele Fotos ihr im Urlaub machen werdet.

➤➤➤ Der Kameragurt

Im Urlaub gibt es an jeder Ecke etwas Spannendes zu bestaunen! Bestimmt hast du deinen Fotoapparat daher immer griffbereit. Damit du ihn
aber nicht die ganze Zeit halten musst und deine
Hände frei hast, bastelst du dir am besten einen
praktischen Kameragurt.

Und so geht's:

1. Du startest mit dem langen Stoffstreifen. Er wird der Länge nach einmal
gefaltet. Achte darauf, dass die be-
druckte Stoffseite nach innen zeigt.
Wenn du willst, steckst du den Stoff
vorher mit Stecknadeln fest. Jetzt nähst
du ihn knapp an der langen offenen
Seite zusammen. Frage deine Eltern,
wenn du dir mit der Nähmaschine
unsicher bist. Anschließend wird der
Schlauch umgekrempelt, damit die
schöne Stoffseite wieder zu sehen ist.

2. Auf Seite 109 findest du eine Vorlage
für den Jeansstoff. Lege Backpapier
über die Seite und male die Vorlage
mit Bleistift ab. Schneide die Schablone
dann aus und übertrage sie mit einem

weißen Buntstift zweimal auf dein
Reststück. Schneide dann die aufge-
zeichneten Jeansstücke sorgfältig aus.

3. Nun kommen die beiden Schlüsselringe zum Einsatz. Ziehe jeweils einen
auf ein Jeansstück auf und falte dieses
an der schmalen Mitte zusammen.
Kannst du dir vorstellen, welcher Schritt
nun folgt?

4. Genau! Zwischen die gefalteten
Jeansstücke werden die Enden des
Schlauchs gelegt und mit der Nähmaschine rundum festgenäht. Damit
nichts verrutscht, kannst du die Stoff-
teile vorher mit den Stecknadeln fest-
stecken. Fertig ist dein Kameragurt!

Fotospaß

Fotografiert zu werden macht richtig gute Laune! Verkleide dich im Urlaub doch einmal mit Bart, Brille & Co.

Du brauchst:

- Vorlagen auf Seite 15 oder zum Ausdrucken auf www.emf-verlag.de/reiselust
- festen Karton
- Schere
- 6 Papierstrohhalme
- Klebeband

Und so geht's:

1. Kopiere das lustige Fotozubehör in Farbe aus dem Buch und klebe es auf festen Karton. Oder du lädst die Vorlagen herunter, druckst sie aus und klebst sie auf Karton.

2. Schneide die bunten Gute-Laune-Motive aus. Jetzt fehlt nur noch die Halterung.

3. Für die Halterung brauchen wir Papierstrohhalme. Diese werden auf der Rückseite der Motive einfach mit einem Streifen Klebeband festgeklebt! Tata: Fertig sind deine witzigen Foto-accessoires für den Urlaub!

YEAH

ALOHA

Schon gewusst?

Der römische Kaiser Nero trug früher grüne Smaragde als Sonnenbrille.

Diese Tasche ist einfach praktisch! Alles, was du für unterwegs brauchst, findet darin Platz. Damit sie dir auch gelingt, bitte am besten einen Erwachsenen, dir zu helfen.

Du brauchst:

- 6 Plastiktüten
- Schere
- Alufolie
- Bügeleisen
- Tacker
- Stoffband
- Klebeband
- Knopf

Und so geht's:

1. Suche bei euch nach coolen Plastik-tüten mit schönen Mustern. Wähle eine Tüte, deren Motiv später zu sehen sein soll, und schneide sie auf deine Wunschgröße zu. Schneide zwei weitere Tüten ebenso zu.

2. Die drei Tüten werden aufeinander-gelegt, deine Lieblingstüte kommt nach oben. Dann schlägst du sie kom-plett in Alufolie ein. Es darf nichts mehr von den Tüten zu sehen sein!

3. Mit etwas Druck fährst du mit einem heißen Bügeleisen über die Alufolie. Im Inneren schmelzen die drei Tüten zu einem festen Material zusammen. Lass die Alufolie auskühlen, bevor du sie abziehst.

4. So schmilzt du auch die Tüten für die Rückseite. Schneide dazu noch einmal drei Tüten auf Maß zu. Diese müssen aber etwa 5 Zentimeter länger sein, damit du sie nach vorne zum Verschlie-ßen umschlagen kannst.

5. Tackere anschließend eine Halterung zum Verstauen von Stift, Radierer und Co. Dazu nimmst du ein Stoffband, legst zuerst eine Schlaufe und tackerst diese dann auf deiner schönen Deck-tüte fest. Mit ein paar weiteren Tacker-nadeln legst du die Einteilung für deine Stifte an. Das Band lässt du lang über-hängen.

6. Lege beide Tütenteile aufeinander und tackere drei Seiten zusammen. Nadel an Nadel, ganz eng!

7. Da die Tackernadeln nicht so schick sind, verdeckst du sie am besten mit einer Lage Klebeband.

8. Nun legst du das überhängende Band von hinten um die Tasche und tackerst es vorne an der überlappen-den Kante fest. Verknote das Band, bevor du es abschneidest, an einem dicken Knopf. Diesen kannst du später durch die Schlaufe ziehen, um die Tasche fest zu verschließen.

Stempel mit Stempelkissen

Du brauchst:

- Filzstift
- Moosgummi
- Schere
- Klebstoff
- große Knöpfe
- Schwamm
- 2 Bonbondosen
- Acrylfarbe

Postkarten zu schreiben wird schnell langweilig, nicht aber mit unseren coolen selbst gebastelten Postkartenstempeln. Du musst nur einen kleinen Text verfassen und ihn mit deinen neuen Stempeln verzieren. Oder du schreibst einen Lückentext und füllst diesen mit Stempelmotiven. Bestimmt kommen diese lustigen Grüße aus dem Urlaubsort auch super bei deinen Verwandten und Freunden an!

Und so geht's:

1. Denke dir verschiedene Motive zu Themen aus, über die du auf deinen Postkarten berichtest. Male die Motive mit dem Filzstift auf das Moosgummi und schneide sie anschließend aus.

2. Mit einem Tropfen Klebstoff werden sie jetzt auf die Knöpfe geklebt. Drücke sie richtig fest an! Das sind deine Stempel.

3. Was wären Stempel ohne Stempelkissen? Dafür nimmst du einen Schwamm und setzt eine Dose darauf. Übertrage die Umrisse der Dose auf den Schwamm und schneide ihn zurecht.

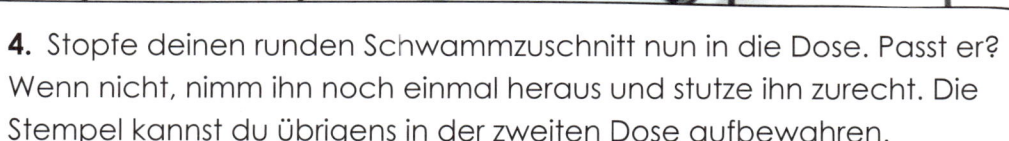

4. Stopfe deinen runden Schwammzuschnitt nun in die Dose. Passt er? Wenn nicht, nimm ihn noch einmal heraus und stutze ihn zurecht. Die Stempel kannst du übrigens in der zweiten Dose aufbewahren.

5. Verdünne die Acrylfarbe etwas und bringe sie auf den Schwamm an. Trocknet die Farbe ein, kannst du sie einfach mit ein paar Tropfen Wasser wieder auffrischen.

Das Schweinchen-Portemonnaie

Du hast von Oma und Opa Urlaubsgeld bekommen? Dann ab damit in dein neues Schweinchen-Portemonnaie! Dieses kannst du dir vor der Abreise noch schnell selber nähen!

Und so geht's:

1. Als Erstes startest du mit der Vorlage. Diese bastelst du dir ganz einfach mithilfe des aufgemalten Bilds. Lege dazu das Backpapier auf das Bild und zeichne mit dem Bleistift die Umrisse des Schweinchens nach. Anschließend wird die Vorlage ausgeschnitten. Dabei gibt es einen Trick, du kannst nämlich selbst bestimmen, wie groß dein Portemonnaie werden soll. Soll es kleiner werden als deine Zeichnung, schneidest du es mit einem nach innen versetzten Abstand zur Bleistift-zeichnung aus. Achte darauf, dass der Abstand immer ungefähr gleich bleibt. Wenn dir die Größe gefällt, überträgst du die Vorlage mit einem weißen Buntstift zweimal auf den Stoff.

2. In dein Schweinchen wird jetzt ein Schlitz geschnitten, schließlich muss dein Portemonnaie ja auch befüllt werden können! Ist das erledigt, werden beide Schweinchen genau aufeinandergelegt. Wenn du magst, kannst du sie mit Stecknadeln fest-stecken, so kann beim Nähen später nichts verrutschen.

3. Jetzt bist du schon fast fertig. Die beiden Stoffe müssen nur noch mit der Nähmaschine aufeinandergenäht werden. Wenn du dir unsicher bist, lass dir von deinen Eltern helfen. Nun kann der Urlaub endlich kommen!

Vorlage zum Nachzeichnen

Du brauchst:

>>>→ Backpapier
>>>→ Bleistift
>>>→ Schere
>>>→ weißen Buntstift
>>>→ 1 Stoffstück, etwa DIN A4
>>>→ Stecknadeln
>>>→ Nähmaschine

2

1

Gibt es in eurem Urlaubsland
eine andere Währung?
Trage in diese Tabelle den
entsprechenden Wert ein.

1€ =	
2€ =	
5€ =	
10€ =	
15€ =	
20€ =	

Das Reise-Murmelspiel

Und so geht's:

1. Schnappe dir zwei Stoffe im DIN-A4-Format und lege sie ganz genau aufeinander. Damit nichts verrutscht, fixierst du die Stoffe mit mehreren Stecknadeln.

2. Nähe die Stoffe nun an allen vier Seiten eng am Rand zusammen. Stopp! Stecke noch schnell eine Murmel hinein, bevor du die Seiten komplett verschließt!

3. Nun kommt der spannende Teil: Nähe mit der Nähmaschine ein kniffliges Labyrinth auf den Stoff. Durch das kannst du deine Murmel laufen lassen. Am besten, du lässt dir von deinen Eltern helfen.

4. Wenn du dein Murmelspiel noch etwas verzieren möchtest, fasse die Stoffkanten doch mit einem Webband ein. Mit der Schere schneidest du das Band auf die gewünschte Länge zu.

Du brauchst:

- ➤ 2 Stoffstücke, je DIN A4
- ➤ Stecknadeln
- ➤ Nähmaschine
- ➤ 1 Murmel
- ➤ 1 Webband
- ➤ Schere

Wie viele Minuten dauert es noch, bis du das Murmelspiel auf dem Weg in den Urlaub endlich ausprobieren kannst?

Bedenke:
1 Stunde hat 60 Minuten.
1 Tag hat 1.440 Minuten.
1 Woche hat 10.080 Minuten.

Es sind nur noch

Minuten! Juhu!

Pullover

Hosen/Röcke

T-Shirts

Schlafanzug

Socken

Unterhosen

Unterhemden

Jacke, wenn es
mal kalt wird

Badeklamotten

Zahnbürste
und Zahnpasta

Wechselschuhe

Schnappe dir
deine Buntstifte
und male in
die Kästchen,
was in deinem
Koffer auf
keinen Fall
fehlen darf!

Denke am Morgen
der Abreise an dein
Kuscheltier!

24

⇉→ Ab in den Koffer, bald geht's los!

Spiele für schlechtes Wetter

Bücher

Fotoapparat

Gewechseltes Geld

Bastelsachen

In zwei Tagen macht ihr euch auf die Reise. Bist du schon aufgeregt?

Bevor ihr ins Auto springt und losdüst, muss erst mal der Koffer gepackt werden. Lege deinen Koffer geöffnet auf dein Bett und schaue in die Liste, was alles mitmuss.

Du brauchst:

- ⟫▶ tiefgekühlte Laugenbrezeln
- ⟫▶ Würstchen
- ⟫▶ Holzstiele

Würstchen am Stiel

Genauso einfach wie lecker sind die Würstchen am Stiel zu backen. Lass eine Packung Tiefkühl-Laugenbrezeln auftauen und wickle den Teig vorsichtig um die Würstchen. Vergiss natürlich nicht, die Holzstiele mit einzuwickeln. Im Anschluss wird alles nach Hersteller-angaben auf der Brezel-verpackung gebacken.

⟫▶ Snacks für unterwegs

Gemüseringe

Zunächst muss die warme Butter mit einem Mixer schaumig geschlagen werden. Im Anschluss kommen dann das Mehl, Backpulver und die Milch dazu. Zum Schluss hebst du mit einem Löffel das Gemüse unter. Schneide dieses zuvor in kleine Würfel. Jetzt wird der Teig auf einer bemehlten Arbeitsfläche dünn ausgerollt und in Streifen geschnitten. Winde die Streifen auf dem Back-

Du brauchst:

- 100 g Butter
- 300 g Mehl
- 1 TL Backpulver
- 100 ml Milch
- Gemüse nach Wahl

blech zu Ringen. Bestreiche sie mit Wasser und gib etwas Mehl darüber, das macht sie besonders knusprig. Bei 220 Grad Umluft werden die Ringe 15 Minuten lang gebacken.

Null-Langeweile-Kekse

Schlage drei Eiweiße in einer Schale steif. Gib jetzt den Puderzucker und die zerlassene Butter hinzu. Nach und nach wird das Mehl untergerührt. Stelle den Backofen auf 180 Grad ein und streiche je 1 TL Teig ganz dünn und kreisrund auf ein Backpapier. Backe die Kekse, bis die Ränder leicht braun werden. Jetzt wird es heiß! Nimm den Teig ganz schnell vom Papier und platziere deinen Aktionszettel in der Mitte. Falte die Kekse einmal in der Mitte, dann legst du sie über einen Glasrand und biegst die überstehenden Kanten nach unten. Mit den lustigen Aufgaben in den Keksen kommt während der Anreise garantiert keine Langeweile auf!

Du brauchst:

- ⥤ 3 Eiweiß
- ⥤ 70 g Puderzucker
- ⥤ 50 g Butter
- ⥤ 60 g Mehl
- ⥤ Aktionszettel von Seite 111 zum Ausschneiden oder Ausdrucken auf www. emf-verlag.de/reiselust

KREATIVBUCH

FÜR WILDE KERLE & MUTIGE MÄDCHEN

BASTELN SPIELEN KUNST MACHEN

EIN BUCH DER EDITION MICHAEL FISCHER

Kreativbuch für wilde Kerle
und mutige Mädchen
ISBN 978-3-863**55-291**-6

www.emf-verlag.de
facebook.com/EditionMichaelFischer

Du brauchst:

- ⇒ Äpfel
- ⇒ Keksausstecher
- ⇒ Saft einer Zitrone

Apfelchips

Tut, tut! Bahn frei für diese gesunden Apfelchips! Schneide dafür Äpfel in ganz dünne Scheiben und bringe diese mit einem Keksausstecher in Form. Bepinsle sie anschließend mit dem Saft einer ausgedrückten Zitrone. Danach geht es für 1 Stunde bei 80 Grad in den Backofen.

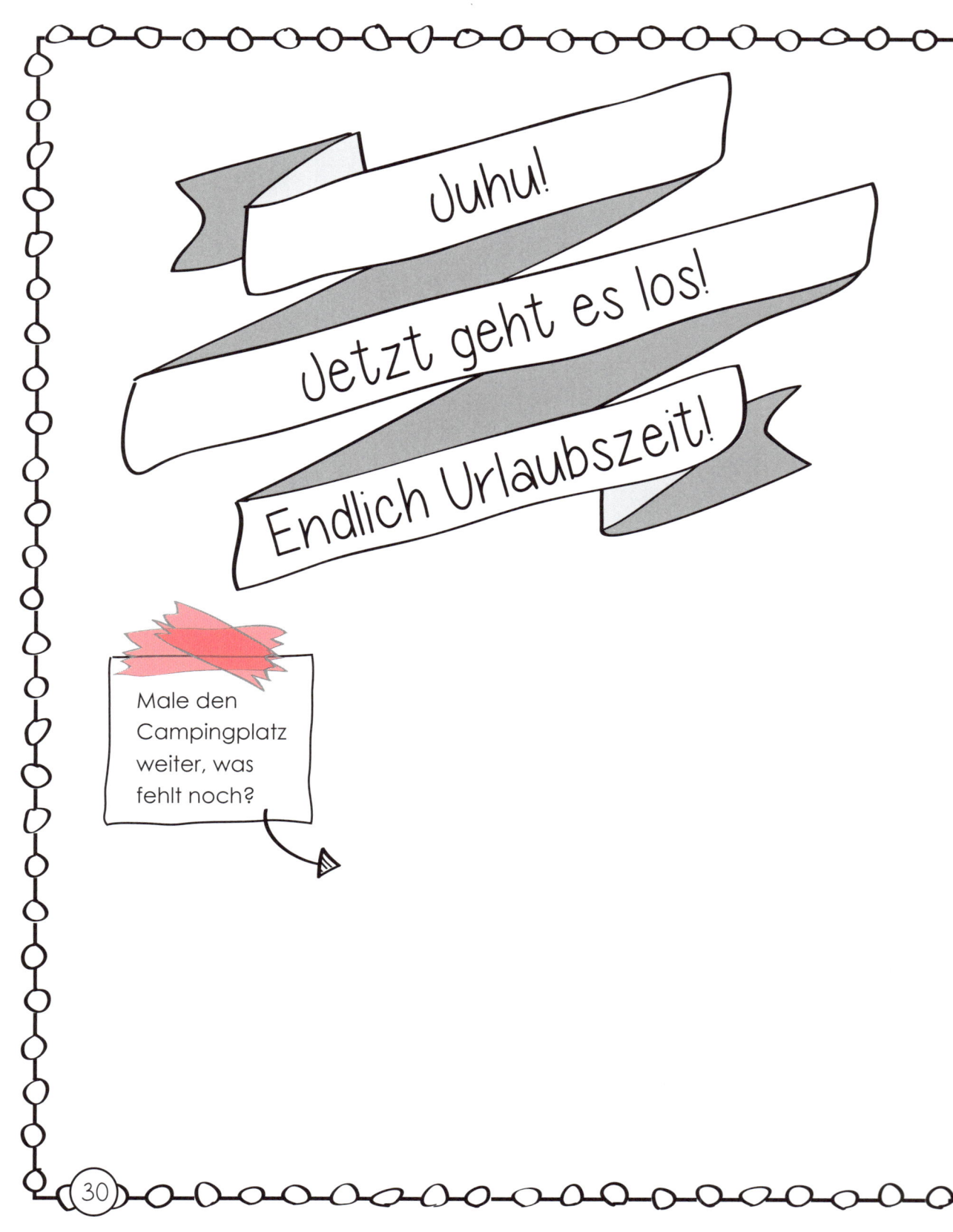

Juhu!

Jetzt geht es los!

Endlich Urlaubszeit!

Male den Campingplatz weiter, was fehlt noch?

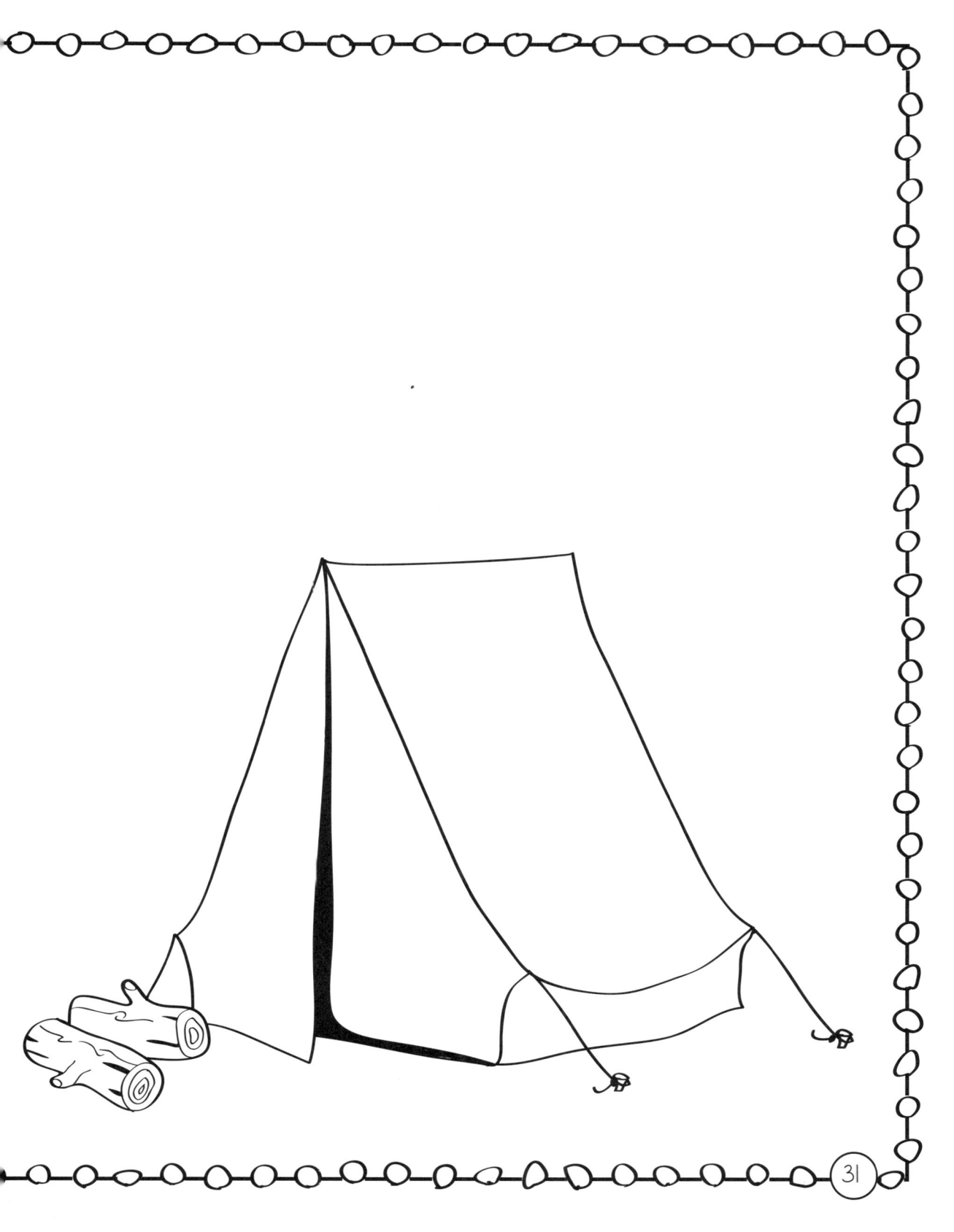

Heute am ___ geht's endlich los!

Ich bin um ___ Uhr aufgestanden.

Ich bin ☐ aufgeregt ☐ müde
☐ hungrig

Unsere Anreise soll ___ Stunden dauern.

Wir legen ___ km zurück.

Wir reisen mit ___ Gepäckstücken.

Ich freue mich auf ___

Unser erster Stopp war in ___

Mist, wir haben ___

___ vergessen!

Wir durchqueren diese Bundesländer/Länder:

___

So lange hat die Anreise wirklich gedauert!

Damit sind wir gereist!

Keine Langeweile

Eine laaange Anreise kann schnell langweilig werden. Dagegen hilft dieses Zeitvertreibspiel.

Bei diesem lustigen Spiel bekommst du ein Ereignis vorgegeben und denkst dir dazu die passende Geschichte aus.
Wie konnte es zu folgenden Vorfällen kommen? Schreibe die beste Geschichte hier oder auf ein Blatt Papier auf.

➤➤➤ Der Elefant steht in der Manege und dressiert den Zirkusdirektor.

➤➤➤ Paul verwandelt sich auf dem Schulhof urplötzlich in eine Feder.

➤➤➤ Oma Trude ist seit drei Tagen mit ihrem Mofa auf dem Weg nach China, um dort neuen Reis zu kaufen.

➤➤➤ An Josefines Lieblings-Kletterbaum wachsen Würfel.

➤➤➤ In Mats Urlaubsort geht morgens der Mond und abends die Sonne auf.

➤➤➤ Deine Mama hat am Strand in einer Kokosnuss einen hübschen Ring gefunden.

_____

_____

_____

_____

_____

Knüpfen ←⟨⟨

Brauchst du noch schönen Urlaubsschmuck? Kein Problem, während einer langen Anreise hast du genug Zeit, dir selbst ein buntes Armband zu knüpfen!

Du brauchst:

- Wolle oder Garn, etwa 50 cm pro Farbe
- Tesafilm
- Schere

Und so geht's:

1. Knote sechs Fäden mit einer Länge von etwa 25 cm zusammen. Mit einem Streifen Tesafilm klebst du den Knoten auf eine Fläche. Lege die Fäden nebeneinander.

2. Nimm nun den Faden ganz links und knote ihn um den zweiten und dritten Faden.

3. Jetzt kommt der Faden ganz rechts zum Einsatz. Er wird um die Fäden fünf, vier und eins geknotet. Auf dem Bild sind nun die blauen äußeren Fäden in die Mitte gewandert und du kannst auf dieselbe Weise die grünen Fäden verknüpfen. So machst du von außen nach innen weiter. Sicher hast du schon bald den Dreh raus und ratzfatz ist dein Armband fertig.

1. 2. 3.

Kennzeichenbingo

Augen auf im Straßenverkehr! Bei diesem Spiel geht es darum, als Erster drei von neun gesuchten Kennzeichen an vorbeifahrenden Autos zu entdecken. Bevor es losgeht, ziehst du für jeden Mitspieler einen farbigen Kasten um neun Felder.

Um zu gewinnen, müssen drei horizontale, vertikale oder diagonale Kennzeichen gefunden und weggestrichen werden. In die blauen Kästen kannst du euer eigenes Kennzeichen hineinschreiben. Viel Spaß beim Suchen!

HRO	UN	WH	UN	TR	SK	BI	SG	PI	PE	LEV	HRO	F	HH	DO	BE	UE	BBG
BBG	F	OE	NU	NF		LEV	KE	HRO	B	LIP	UN	NF	CE	OE	H	NF	M
M	HAL	GP	G	FÜ	ER	DO	BOR	BBG	GK	HBS	HA	F	HH	M	BE	UE	HAL
NF	TR	OE	BI	NF	PI	LEV	HRO	M	HBS	F		TR	UE	HAL	HAL	DO	CE
	BE	DT	DO	BOR	H	BI	SG	PI		LIP	WT	NF	RB	OE	IP	NF	I
OE	HBS	HH	M	BE	LIP	HBS	FD	HA	BI	SG	HA	FÜ	KI	HH	OF	BE	UE
W	NF	TR	LEV	BI	HRO	PI	W	KU	LIP	DÜW	DO	BOR	E	DT	H		DÜW
HAL	PI	FD	HA	UE	HAL	CE	H	WT	HSK	RB	OE	IP	NF	I	LEV	HBS	HRO
DO	HRO	W	KU	HA	HAL		NU	E	HBS	BI	FD	HA	LIP	HAL	UE	HAL	BI
OE	BBG	UE	HAL	HSK	TR	FÜ	ER	DO		LIP	W	BBG	DO	BOR	HH	UN	BE
F	M	NU	UE	HAL	NF	DT	BI	SG	LEV	HRO	OE	CE	NF	HA	LEV	KI	HRO
W	WAF	WT	HBS	RB	FÜ	IP	BBG	I	LIP	HA	NF	UN	OE	F	NF	HAL	LEV
UE	BE	HA		KI	F	OF	HAL	UE	HAL	F	TR	BBG	F	OE	NU	NF	DAN
W	NF	TR	OE	BI	NF	PI	LEV	HRO	HA	W	NF	SG	WAF		FÜ	ER	DO
F	OE	NU	NF	HH	NF	BE	HAL	DAN	DO	HH	FÜ	HAL	BE	DAN	F	NF	K
OE	TR	DO	BOR		HAL	DAN	K	FD	OE	HBS	WT	NF	RB	OE	IP	NF	I

Male die zwei Bildergeschichten zu Ende!
Wie wird es wohl weitergehen?

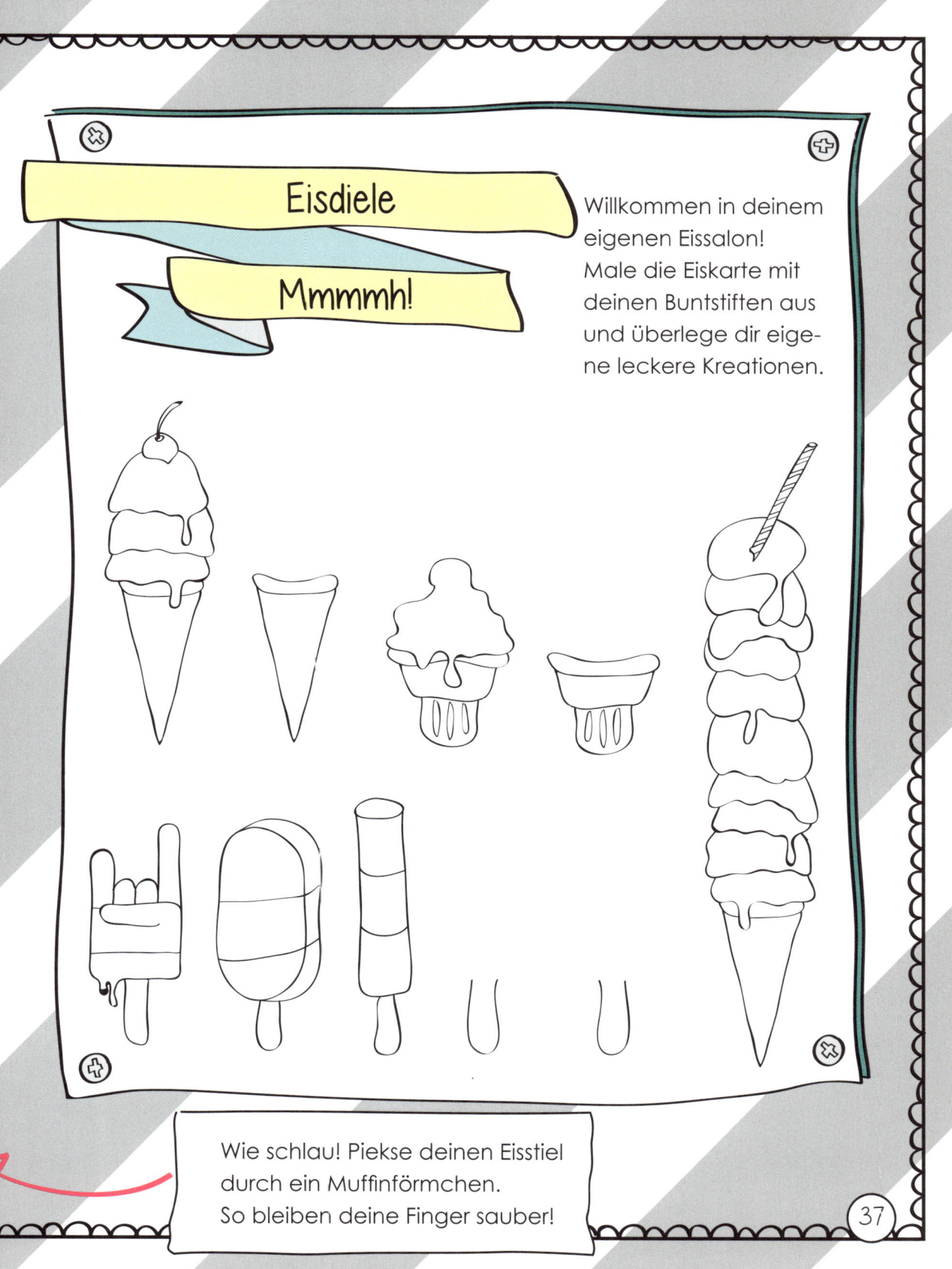

Eisdiele

Mmmmh!

Willkommen in deinem eigenen Eissalon! Male die Eiskarte mit deinen Buntstiften aus und überlege dir eigene leckere Kreationen.

Wie schlau! Piekse deinen Eisstiel durch ein Muffinförmchen. So bleiben deine Finger sauber!

Das Urlaubsalphabet. Fallen dir zu jedem
Buchstaben Urlaubsbegriffe ein?

A_____ B_____ C_____ D_____ E_____ F_____

G_____ H_____ I_____ J_____ K_____ L_____

M_____ N_____ O_____ P_____ Q_____ R_____

S_____ T_____ U_____ V_____ W_____ X_____

Y_____ Z_____ Ä_____ Ö_____ Ü_____

Welche Zahlen musst du im Zahlenrad dazurechnen
oder abziehen, um auf 100 zu kommen?

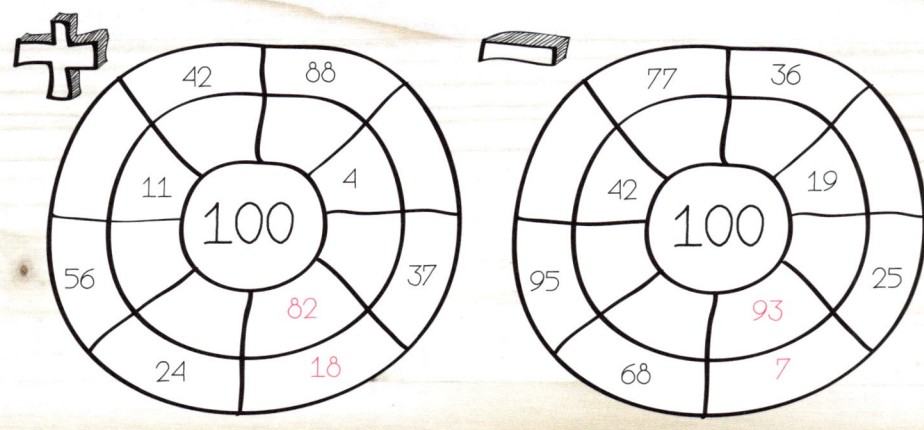

Kreuzworträtsel!
Kennst du die richtigen Begriffe?

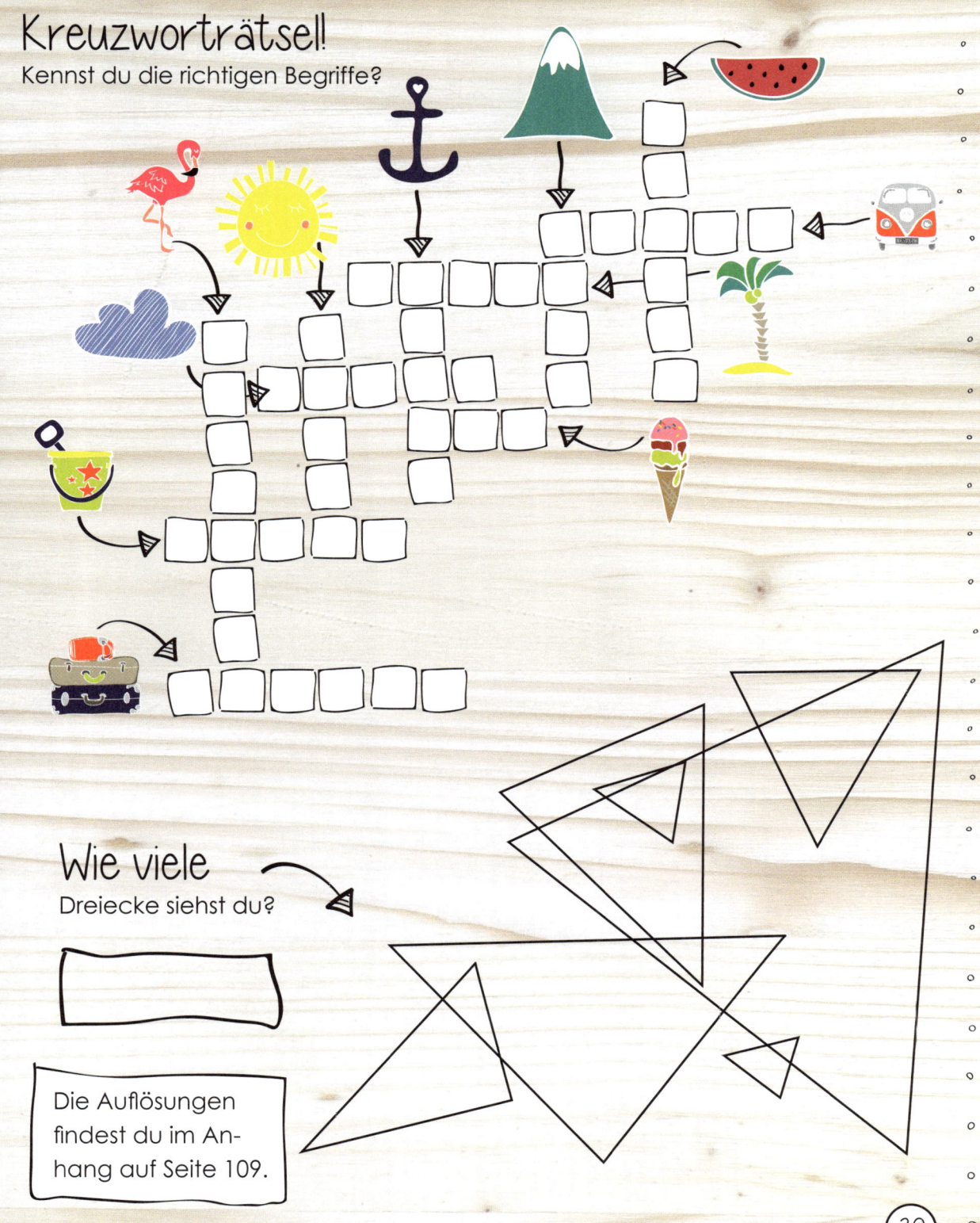

Wie viele
Dreiecke siehst du?

Die Auflösungen findest du im Anhang auf Seite 109.

Welche Wörter kannst du aus den Buchstaben bilden?

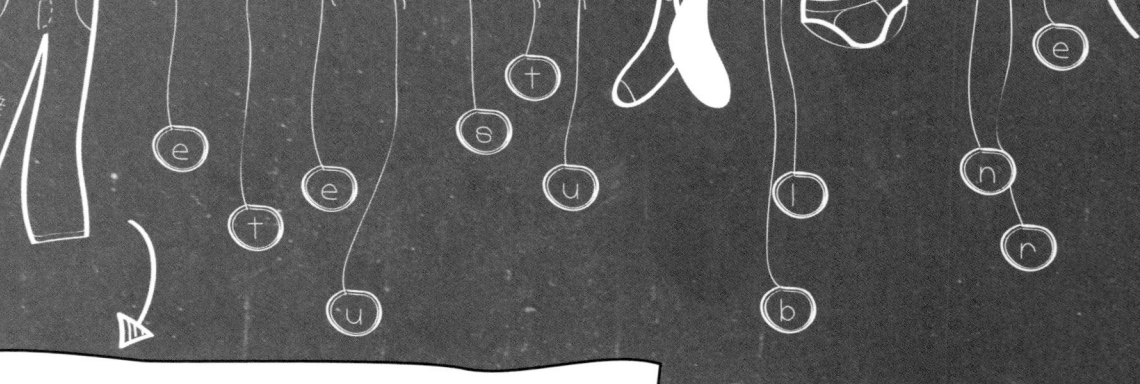

Findest du das Hauptwort? Es beginnt mit dem Buchstaben A, besteht aus fünf Silben und wird aus zwei Wörtern zusammengesetzt!

1 _____

2 _____

3 _____

4 _____

5 _____

6 _____

7 _____

8 _____

9 _____

10 _____

11 _____

Stimmt's?

- Fische können nicht seekrank werden.
- Die Nationalhymne von Spanien hat keinen Text.
- In den USA wurde zu Anfang mit spanischem Geld bezahlt.
- Es gibt ein Land, in dem 800 verschiedene Sprachen gesprochen werden.
- In Deutschland gibt es 14.000 Höhlen.
- Der meistbesuchte Ort der Welt ist Las Vegas in den USA.
- Jeder Deutsche isst im Jahr sechs Liter Eiscreme.
- Der Pilot und der Kopilot essen im Flugzeug immer unterschiedliche Menüs, um auszuschließen, dass beide an einer Lebensmittelvergiftung erkranken.
- Es gibt 186 Staaten, verteilt auf vier Kontinente.
- Der kürzeste Fluss der Welt ist 175 Meter lang.
- Es gibt etwa 130 verschiedene Palmenarten.
- In Japan ist es unhöflich, „nein" zu sagen, stattdessen sagt man „vielleicht".

Wie viele Sterne mit fünf Zacken findest du?

Die Auflösungen findest du im Anhang auf Seite 109.

Alles voller Punkte!

Male die Seite
mit Punkten voll!

In die Kästchen kannst du deinen Namen in cooler 3-D-Schrift schreiben. Die oberen Buchstaben zeigen dir, wie das geht.

Dein Name in 3-D

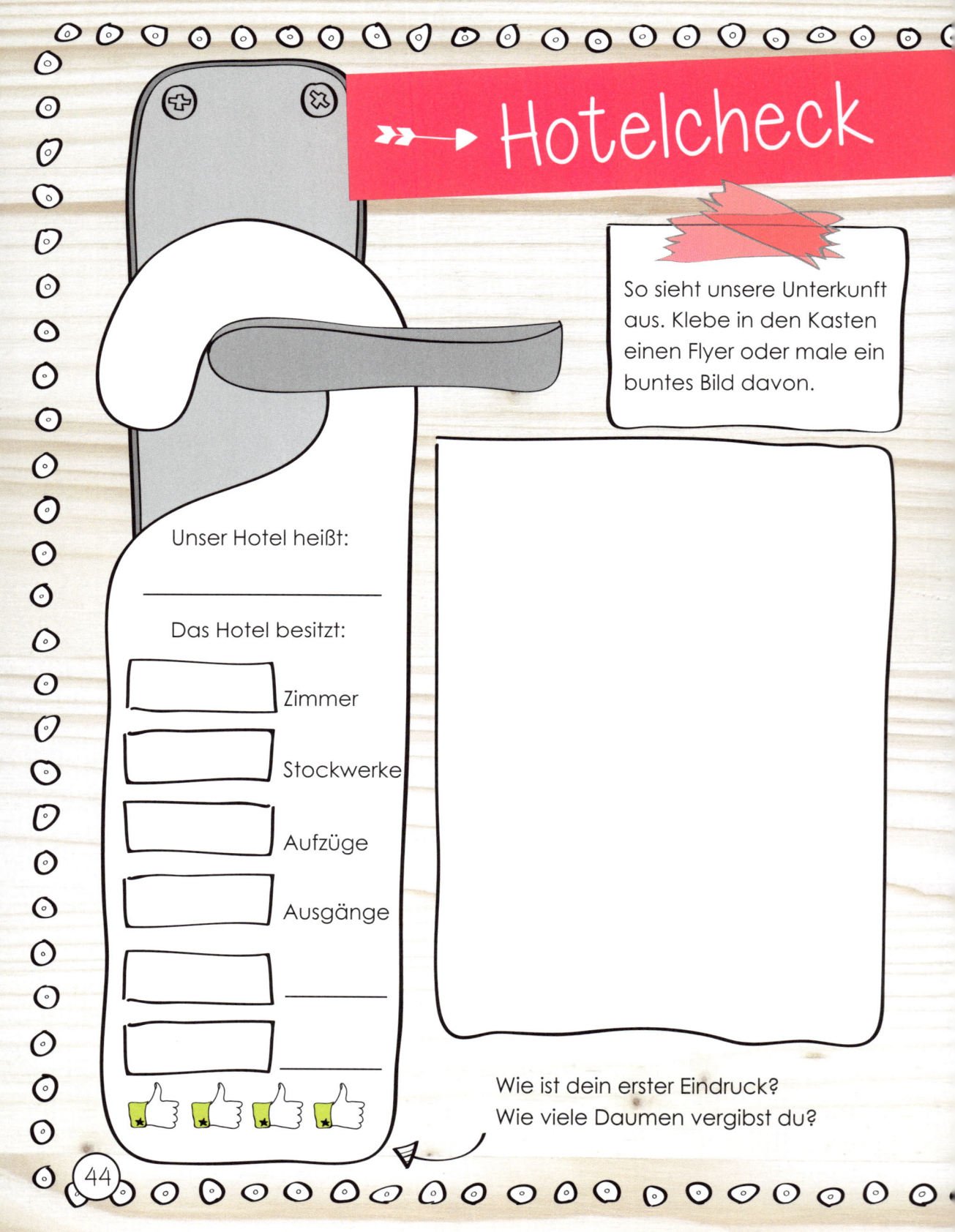

Hotelcheck

So sieht unsere Unterkunft aus. Klebe in den Kasten einen Flyer oder male ein buntes Bild davon.

Unser Hotel heißt:

_____

Das Hotel besitzt:

Zimmer

Stockwerke

Aufzüge

Ausgänge

_____

_____

Wie ist dein erster Eindruck?
Wie viele Daumen vergibst du?

Das Hotelzimmermonster

Herrje, wer klaut sich denn da immer die Dinge der anderen? Wer lässt seine Klamotten überall liegen?

Mit der Liste hast du den Überblick. Trage oben die Namen der Reisenden ein und führe eine Strichliste.

Name	
Klamotten auf dem Boden	
Taschen ver- stellen den Weg	
Essen und Trinken liegen im Bett	
Mopst sich Dinge der anderen	

Was siehst du, wenn du aus dem Fenster schaust? Male deine Beobachtungen direkt in das Fenster!

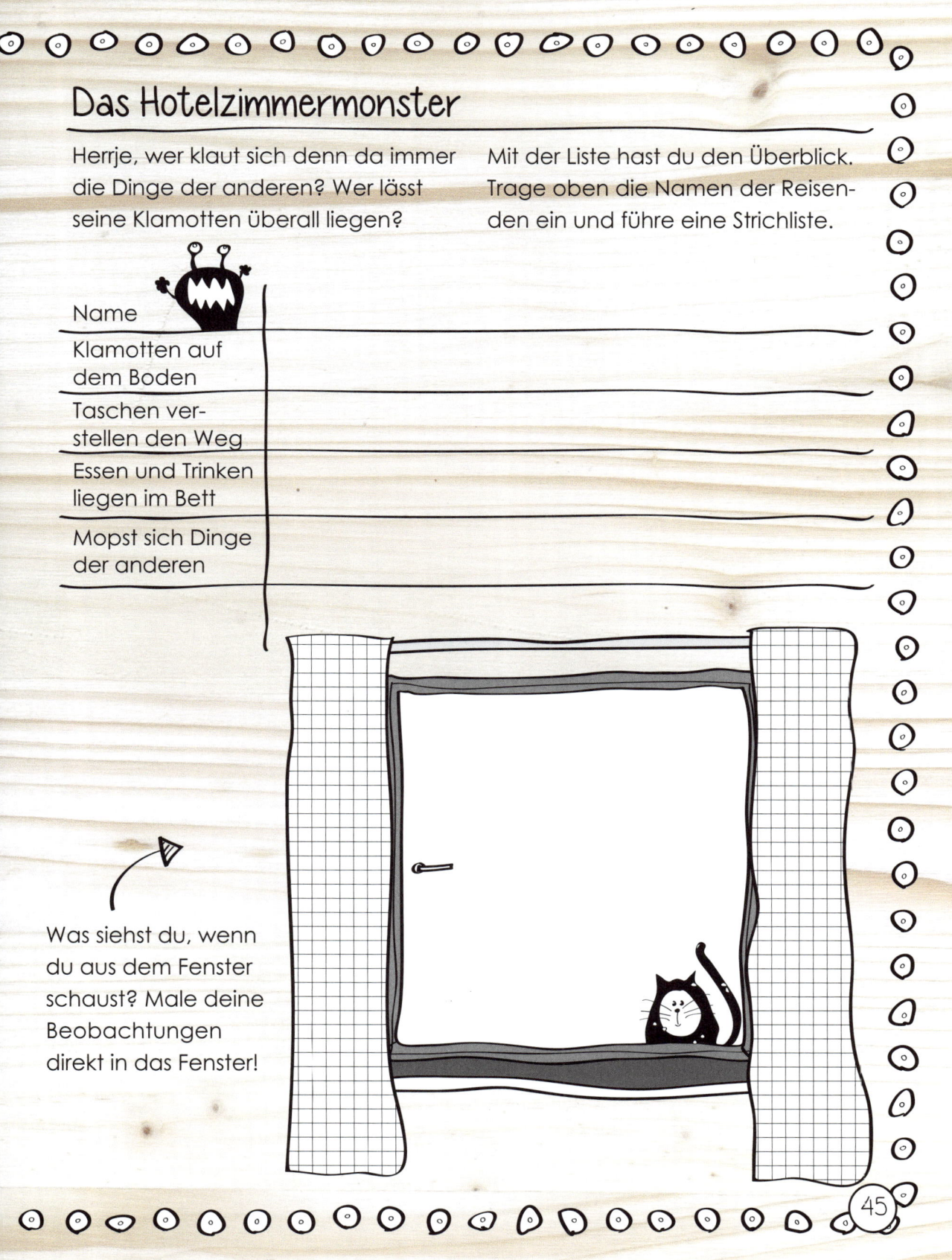

Auf Entdeckungstour

Eine neue Stadt ist immer unglaublich spannend. An jeder Ecke gibt es etwas Neues zu entdecken. Mache dich mit deinen Eltern oder Freunden auf zu einer Entdeckungstour, nimm dir dazu aber nicht den Stadtplan zu Hilfe. Es gibt eine andere, viel lustigere Idee, deine Umgebung kennenzulernen. Eine Münze entscheidet über den Weg, den du einschlagen wirst. Wirf an jeder Kreuzung die Münze. Liegt die Vorderseite oben, gehst du nach rechts, bei der Rückseite nach links weiter.

Vorderseite

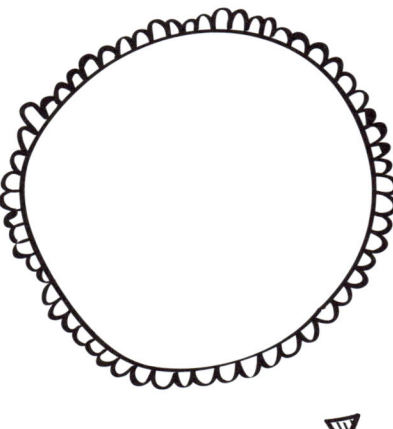

Rückseite

Zeichne hier den Weg auf, den du genommen hast. Markiere die Orte, die du besonders interessant findest.

Lege die Entdeckungsmünze unter diese Seite und rubble die Vorder- und Rückseite mit einem Bleistift durch.

Start

Park

Eisdiele

Museum

Spielplatz

Markt

Male die Symbole auf deiner Wegkarte ein, wenn du die einzelnen Orte unterwegs entdeckt hast!

Anders als zu Hause

So sehen die Polizisten aus.
Man nennt sie hier:

_____

Wie sehen die
Busse in deinem
Urlaubsort aus?
Male das Bild zu
Ende!

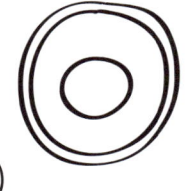
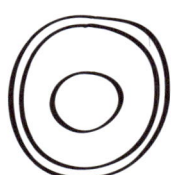

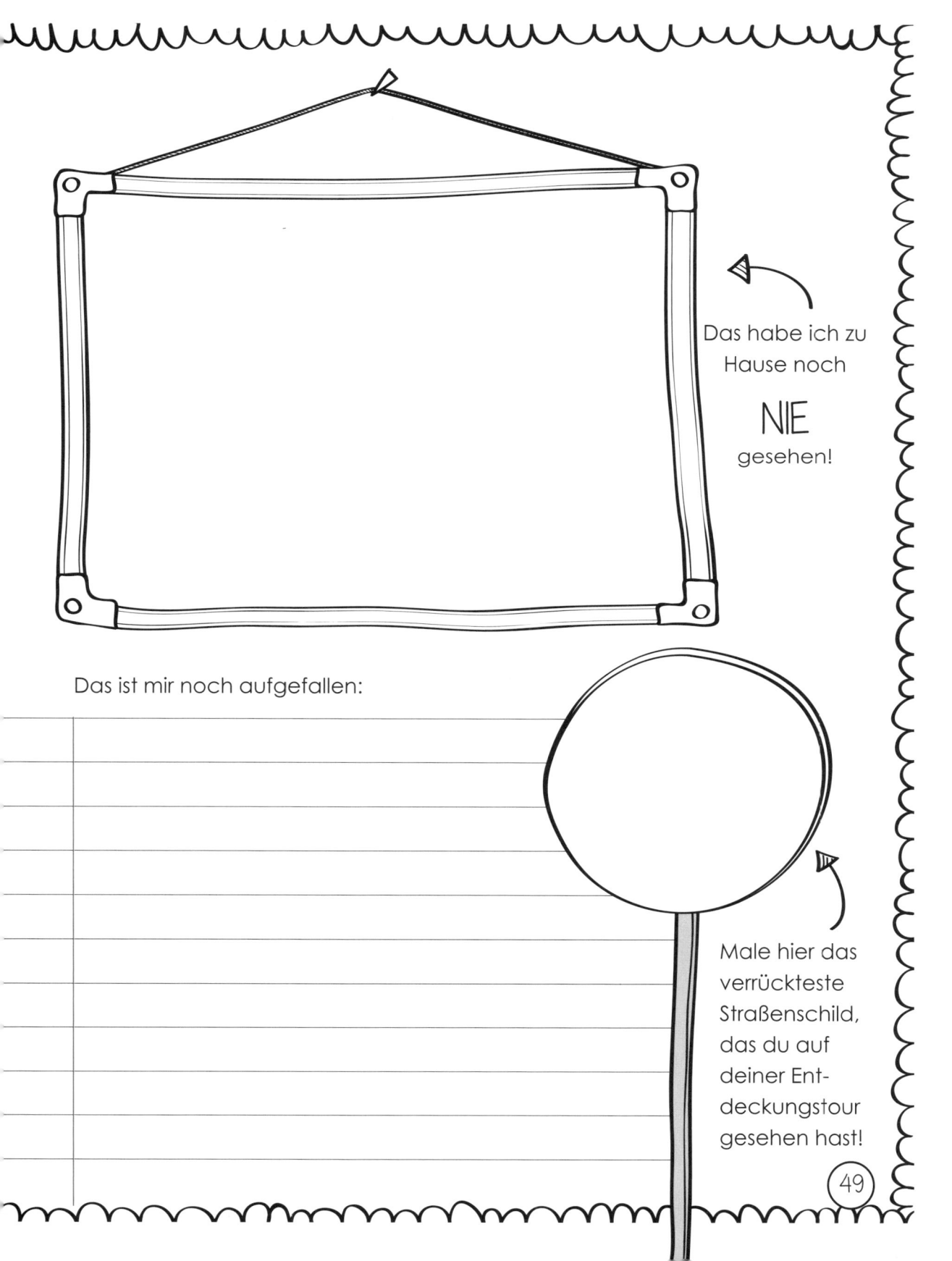

Das habe ich zu Hause noch **NIE** gesehen!

Das ist mir noch aufgefallen:

Male hier das verrückteste Straßenschild, das du auf deiner Entdeckungstour gesehen hast!

Schon gewusst?

Die meisten Träume durchlebst du während der REM-Phase. In dieser Phase des Schlafs schlägt dein Herz sogar schneller. Beobachte deinen Bettnachbarn, erkennst du, wie er in den Morgenstunden mit den Augen zuckt? Dies ist ein sicheres Zeichen, dass er gerade mitten in der REM-Phase steckt und träumt.

Was hast du in der vergangenen Nacht geträumt? Kannst du dich noch erinnern? Male es in die Wolken.

Traumgeschichten

URLAUBS—EXTRABLATT

DEINE TITELGESCHICHTE:

MALE EIN BILD PASSEND ZUR TITELGESCHICHTE:

DER ANKUNFTSTAG:

TAG 2:

TAG 3:

TAG 4:

In deinem Urlaubs-Extrablatt kannst du
alle Abenteuer deiner Ferien festhalten. Schreibe, male oder
klebe in die Kästchen, was dich an diesem Tag auch noch in Monaten erinnern wird!

53

URLAUBS—EXTRABLATT

TAG 5:

TAG 7:

TAG 6:

DEIN HOROSKOP:

Was steht in deinem Horoskop? Zeichne hier dein Stern-zeichenbild ein!

TAG 9:

TAG 11:

TAG 8:

TAG 10:

Schon gewusst?

1605 erschien die erste Zeitung. Sie hieß „Relation" und wurde in Straßburg verkauft.

URLAUBS—EXTRABLATT

DER ABREISETAG:

TAG 13:

TAG 12:

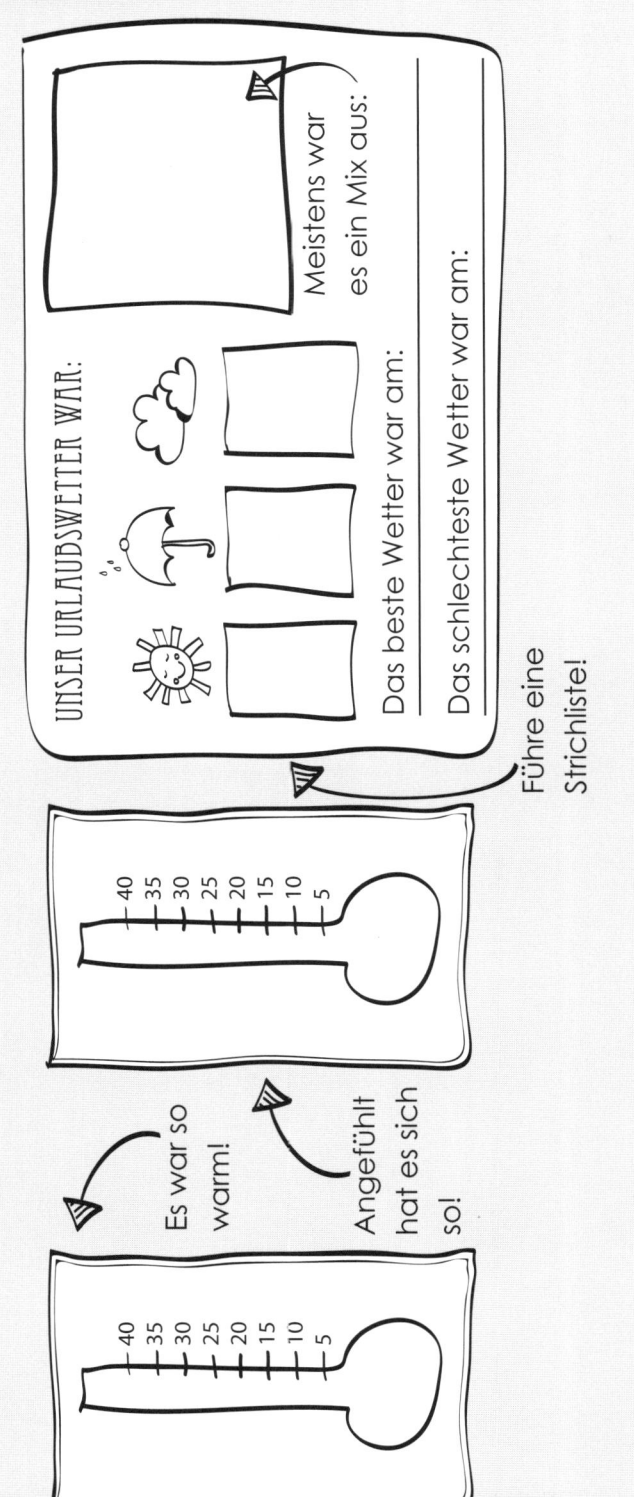

UNSER URLAUBSWETTER WAR:

Meistens war
es ein Mix aus:

Das beste Wetter war am:

Das schlechteste Wetter war am:

Führe eine
Strichliste!

Es war so
warm!

Angefühlt
hat es sich
so!

57

Bastle dir ein eigenes Fernrohr! Schneide dazu diesen Streifen ab und klebe ihn an der grünen Stelle zusammen!

Unser Ausflug

am:

nach:

Wir kommen alle mit:

Ich freue mich am meisten auf:

So kommen wir zu unserem Ziel:

Puh, das wird anstrengend:

Wir müssen unbedingt:

Einen Kompass selber basteln:

Magnetisiere die Nadel, indem du sie
an deinem Pulli mehrmals hin- und
herreibst. Fülle danach einen Becher
mit Wasser und setze vorsichtig das
Blatt auf die Wasseroberfläche. Nun
wird es spannend: Lege die Nadel
auf das Blatt und tata ... die Nadel
und das Blatt drehen sich und richten
sich nach Norden aus!

Du brauchst:

»» → 1 Nadel
»» → 1 Becher mit Wasser
»» → 1 Blatt vom Baum

Das war toll! Hier hast du Platz für ein Bild
von eurem Ausflug:

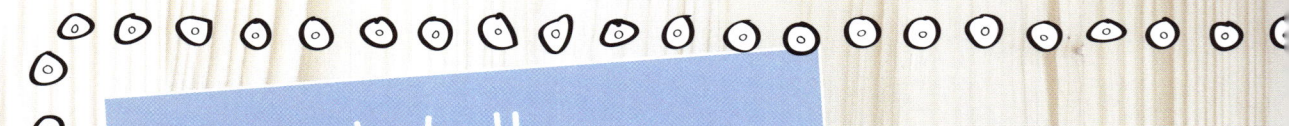

Wolken

beobachten

Zeichne auf die freie Seite die Wolken, die du beobachtet hast. Erkennst du eine bestimmte Form? Denke dir eine Geschichte zu den verschiedenen Wolkenformen aus.

Wie sehen die Blumen in deinem Urlaubsort aus? Male sie an die Pflanzenstängel!

Hier habe ich diese Blume entdeckt. Schreibe oder male die Stelle in den weißen Kasten.

An dieser Stelle kannst du deine neue Lieblingsblume pressen. Lege die Blüte zusätzlich noch zwischen die Lagen einer Serviette, diese wird die austretende Feuchtigkeit aufnehmen.

Wer fliegt mit der Biene
um die Wette? Male die
Tiere hier auf.

Was wächst, fliegt und krabbelt da?

Wer krabbelt neben der
Raupe im Gras? Male die
Tiere hier auf.

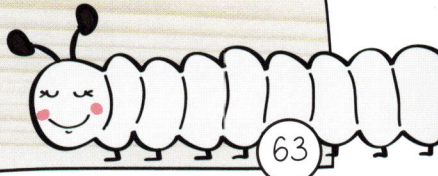

Geschichten-Erzählsteine

Du brauchst:

- Steine
- Filzstifte
- Handtuch

Sammle bei deinem nächsten Ausflug jede Menge Steine. Vielleicht hast du aber auch schon einige und für diese kommt jetzt die passende Bastelidee: Male auf jeden Stein mit Filzstift ein kleines Symbol. Dieses kann mit deinen Hobbys oder mit Erlebnissen im Urlaub zu tun haben. Dann kommen alle Steine unter ein Tuch, zum Beispiel unter ein Handtuch. Der Spieler, der sich heute morgen als Letzter die Zähne geputzt hat, beginnt. Er greift drei Steine und denkt sich zu den Symbolen eine verrückte Geschichte aus. Die lustigste Geschichte kannst du hier aufschreiben. Viel Spaß!

_____

_____

_____

_____

_____

_____

_____

_____

_____

_____

_____

Serviettenspiele

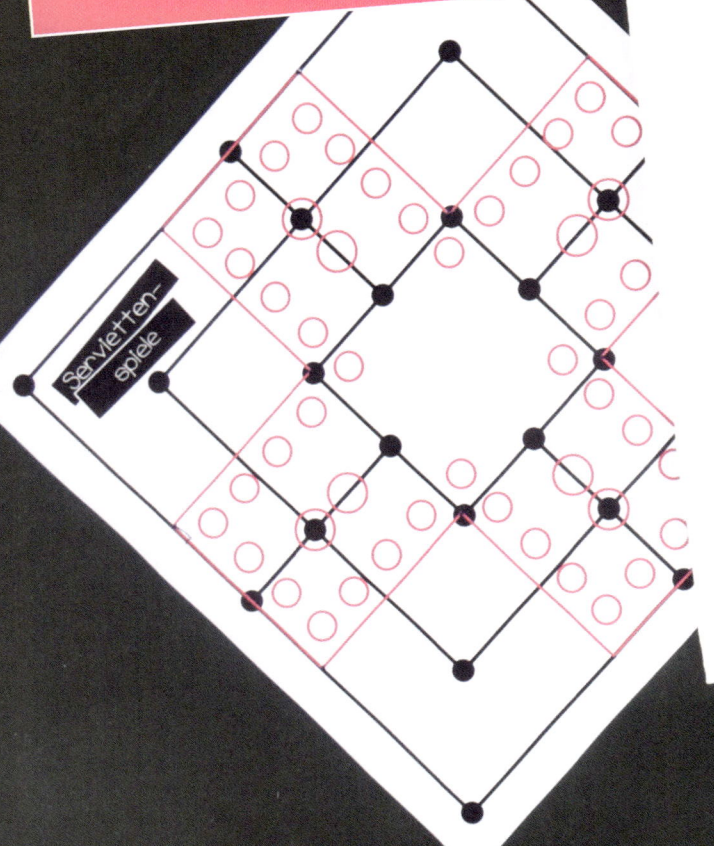

Serviettenspiele

Essen gehen kann so öde sein! Vertreibe dir die Zeit doch mit einem Serviettenspiel! Zwei verschiedene Spielvorlagen findest du auf Seite 110. Am besten du kopierst die Vorlage vorher aus dem Buch oder druckst sie aus. Dann nimmst du eine Serviette und legst sie unter das Bild. Mit der Sticknadel stichst du vorsichtig durch die Punkte des Spielplans, den du übertragen möchtest. Verbinde nun die feinen Stiche auf der Serviette mit einem Stift. Jetzt brauchst du auch noch Spielfiguren. Dafür zerschneidest du einen Strohhalm und umwickelst die kleinen Röhrchen mit Wolle. Vergiss nicht, einen Würfel mitzunehmen. Sammle das Material in einem kleinen Mäppchen, so bist du auf den nächsten Restaurantbesuch vorbereitet!

Du brauchst:

- Vorlagen auf Seite 110 oder zum Ausdrucken auf www.emf-verlag.de/reiselust
- Serviette
- Sticknadel
- Stift
- Schere
- Strohhalm
- Wolle
- Würfel

Kennst du die Spielregeln? Lass dir von deinen Eltern helfen oder denke dir einfach eigene Regeln aus!

Schattenspiele

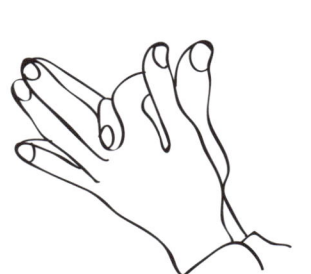

Welche Schattenfiguren erkennst du im Schein der Taschenlampe an der Wand? Ordne die folgenden Tiere den Handzeichnungen zu:

Wolf Hund Kamel Bär Vogel Gans

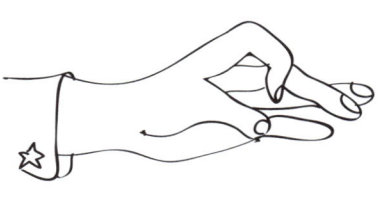

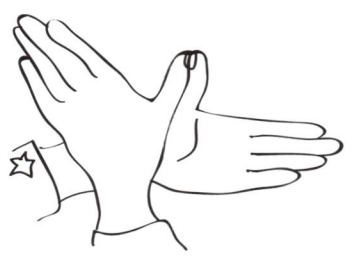

Denke dir dein eigenes Schattentier aus und male es auf. Gib ihm einen lustigen Fantasienamen.

Eine Musikanlage basteln:

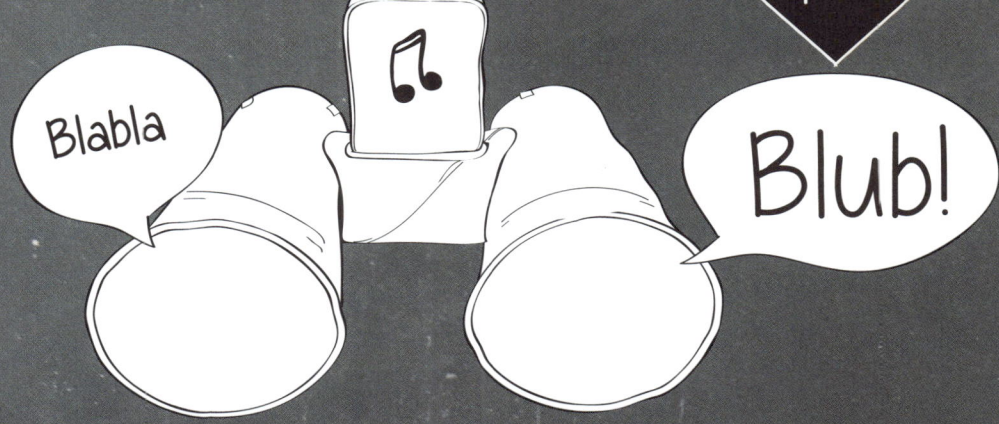

Du möchtest beim Spielen Musik hören, doch das Handy deiner Eltern ist nicht laut genug? Das muss geändert werden! Mache dich auf die Suche nach zwei leeren Bechern und einer Klopapierrolle. Mehr brauchst du nämlich nicht, um eine echte kleine Musikanlage zu basteln! Zunächst schneidest du einen schmalen Spalt in die Papprolle. Der Schlitz muss so groß sein, dass das Handy hineingesteckt werden kann.

Du brauchst:

- ➤ 1 Klopapierrolle
- ➤ 2 Becher
- ➤ Schere

Jetzt kommen noch zwei Löcher in die Seiten der Becher, in diese wird die Klopapierrolle eingeschoben und voilá – die Musik kann jetzt richtig aufgedreht werden!

Stadt, Land, Fluss - nur anders!

Stadt	Land	Fluss	Tier	Gegenstand in einem Reisekoffer	Typischer Name in deinem Urlaubsland	Missgeschick im Urlaub
Rom	Russland	Rhein	Ratte	Rasierer	Ronaldo	Riss in der Badehose

Postkarten besticken

Ein super Andenken an deinen Urlaub sind bunt bestickte Post-karten. Halte die Augen nach schönen Motiven offen, zum Beispiel von Bergen, auf die du geklettert bist. Mit Wolle und einer Sticknadel verpasst du den Postkarten den letzten Schliff.

1. Stich zunächst mit der Nadel die Löcher auf der Karte vor. Am besten legst du dir eine weiche Unterlage, zum Beispiel einen Teppich oder ein Handtuch, darunter. Achte darauf, dass du die Löcher nicht zu dicht aneinandersetzt, die Karte würde dann leicht aufreißen.

2. Fädle die Wolle durch das Nadelöhr und ab geht's! Stich von hinten durch die Karte und führe die Nadel durch jedes vorgebohrte Loch.

3. Zum Schluss verknotest du die Wolle einfach auf der Rückseite. Wie wäre es, wenn du die Postkarte um zusätz-liche Motive erweiterst? Male zum Bei-spiel mit einem Filzstift zwei Vögel auf und sticke sie anschließend genau wie die anderen Motive nach!

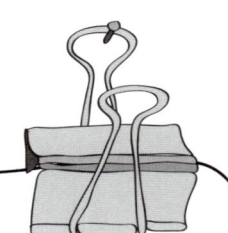

Wo kommt Wolle eigentlich her?

Um ein Knäuel Wolle herzustellen, muss zunächst einmal ein Schaf geschoren werden, diesen Vorgang nennt man „Schur". Sie findet ein- bis zweimal im Jahr statt. Jetzt muss die Wolle gereinigt werden, der Schmutz, aber vor allem das Wollfett, müssen herausgewaschen werden. Ist die Wolle sauber, wird sie sortiert, aus den langen Fasern wird dann die hochwertigste aller Wollen, die Kammwolle, gesponnen. Aus dem Wollfett werden übrigens Handcremes hergestellt.

LIVIGNO

Du brauchst:

⫸▶ Postkarte
⫸▶ Sticknadel
⫸▶ weiche Unterlage
⫸▶ Wolle in verschiedenen
 Farben
⫸▶ dünnen Filzstift

Eintrittskarten ←≪

Im Urlaub bekommt man viele verschiedene Eintrittskarten, egal, ob im Kino, Museum oder Zoo. Hier findest du jede Menge Platz, um deine bunten Karten einzukleben, damit du dich auch nach dem Urlaub noch daran erinnerst.

Eintrittskarte

Viel Spaß in unserem Tierpark!

Aufbewahren und auf Verlangen vorzeigen

230584

Und, wie war es?

Juhu, hier waren wir:

Schöne Aussicht

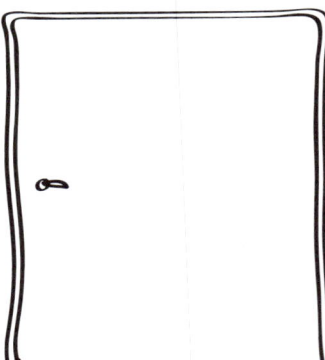

Es gibt immer vieles zu beobachten, besonders in fremden Städten oder Ländern! Schnappe dir deine Buntstifte und male in die Fenster, was du gerade siehst. Schreibe auf die Linie, wo du warst, als du deine Beobachtung gemacht hast.

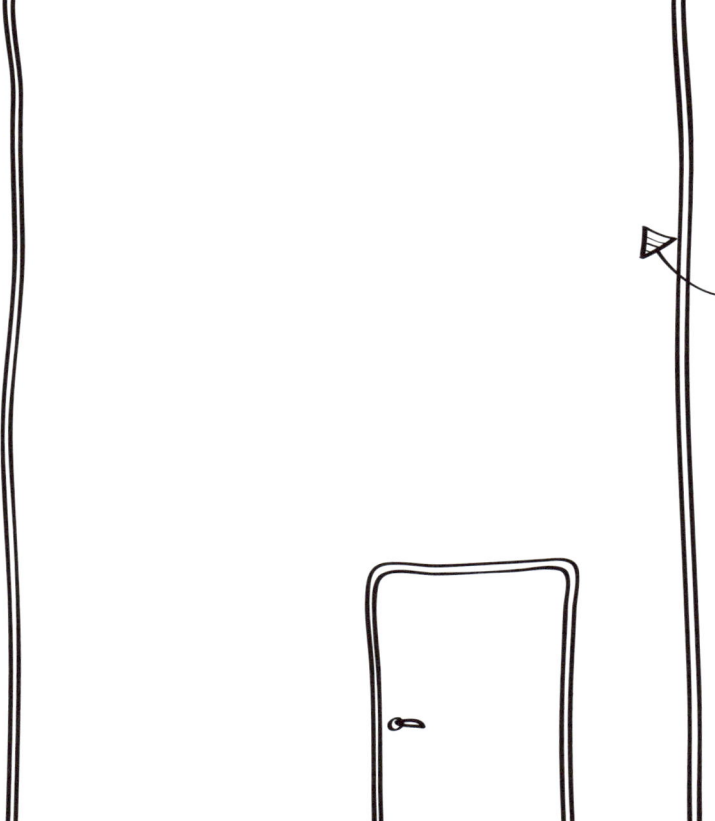

Großes Schaufenster, zum Beispiel in einem Café oder Geschäft.

Mmmmh, lecker!

Hast du im Urlaub eine neue
Leibspeise und ein neues Lieblingsgetränk entdeckt? Auf diesen
Seiten kannst du deine Leibspeise
aufmalen und das Flaschenetikett
aufkleben.

Dieses leckere Gericht
habe ich hier zum
ersten Mal gegessen:

Mein Lieblingsgetränk
habe ich hier entdeckt:

Farben finden

Halte beim nächsten Spaziergang durch euren Urlaubsort die Augen nach verschiedenen Farben offen. Vielleicht entdeckst du ein kleines rotes Auto oder ein himmelblaues Haus. Male deine Entdeckungen auf diese Seite.

Schreibe die Orte, an denen du die Farben gefunden hast, in die Spalten.

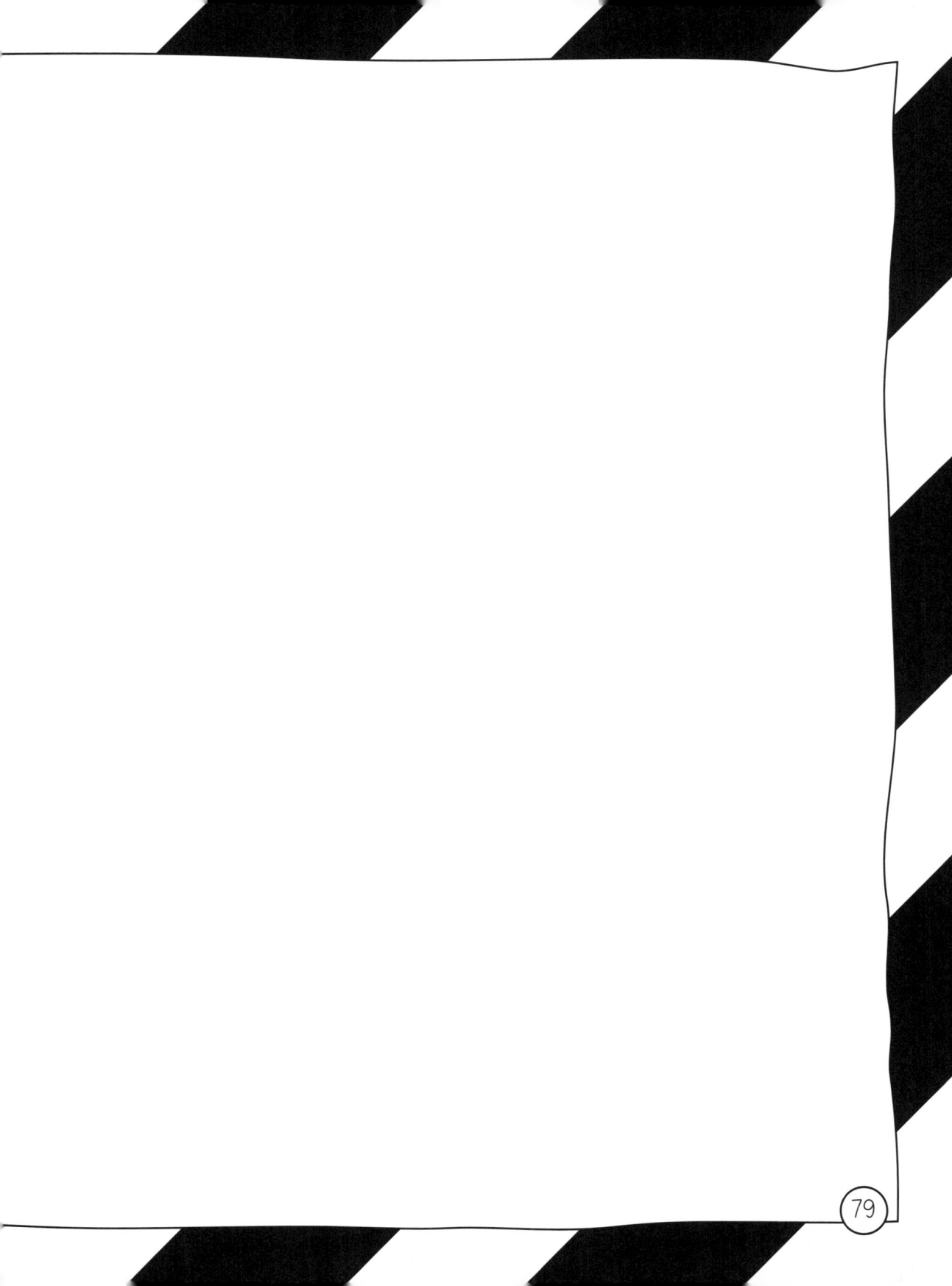

Spannendes auf dem Markt und im Laden

In fremden Ländern gibt es viele leckere Speisen zu entdecken! Male hier auf, was dir auf dem Markt oder im Laden besonders gut gefallen hat.

Das müssen wir unbedingt probieren!

Ich habe es hier entdeckt:

Die Tierparade

Welches Tier hast du im Urlaub gesehen?

vielleicht gesehen, da bin ich mir nicht ganz sicher

nicht gesehen

gesehen

Hier habe ich es gesehen:

Male das tollste Tier, das du auf deiner Reise
gesehen hast, in den Rahmen.

Fotostory knipsen

Heute bist du ein echter Fotograf! Du machst aber nicht nur Fotos, die toll aussehen, sondern erzählst mit ihnen eine richtige Geschichte. Denn heute knipst du eine Fotostory. Denke dir dazu eine lustige Geschichte aus. Die Geschichte könnte zum Beispiel von eurem größten Urlaubsmissgeschick handeln. Sobald die Story steht, musst du dir überlegen, wie du sie anhand von Fotos erzählen könntest. Achte bei jedem Bild darauf, dass das Ereignis immer im Mittelpunkt steht und gut zu erkennen ist. Male vorab die unterschiedlichen Szenen auf die gegenüberliegende Seite. Jetzt hast du ein echtes „Storyboard" – so nennt man die gezeichnete Version eines Drehbuchs, die dir beim Fotografieren hilft, den Überblick zu behalten.

Wie wäre es mit einer lustigen Verkleidung?

- Schnappe dir das gebastelte Fotozubehör von Seite 15.
- Setze dir deine Schlafanzughose auf den Kopf und mache dir aus den Hosenbeinen einen Zopf.
- Wickle aus einem Handtuch einen Handtuchturban.
- Knote dir aus dem Bettlaken eine Toga, das ist ein weites Gewand.
- Rolle eine Bettdecke eng zusammen und binde die Rolle mit einem Gürtel auf deinen Rücken – ein 1-a-Schneckenkostüm!
- Stopfe einen Strumpf mit anderen Strümpfen aus und stecke ihn als Schwänzchen hinten in die Hose.

Regie

Mein Storyboard

Anmerkungen:

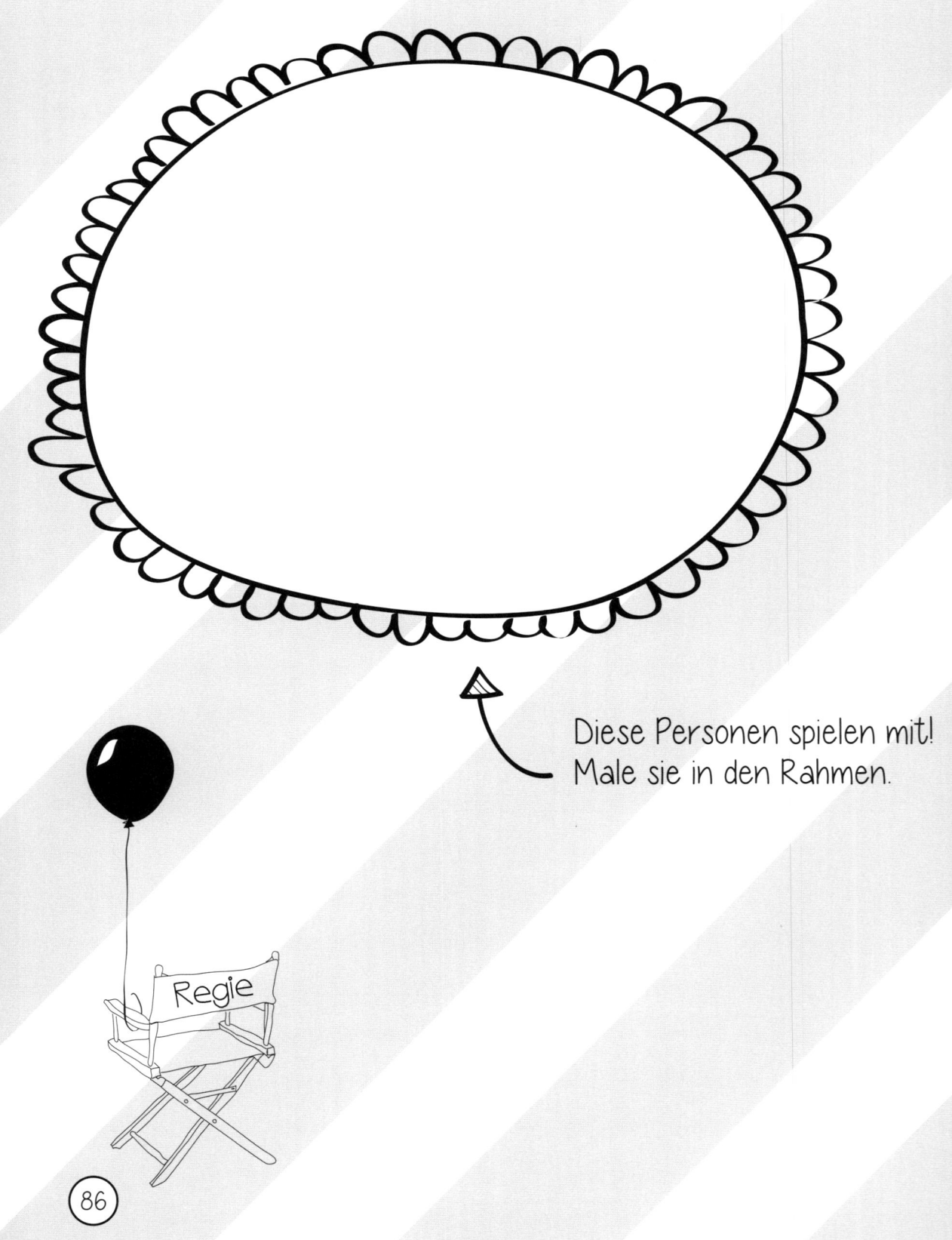

Diese Personen spielen mit!
Male sie in den Rahmen.

Regie

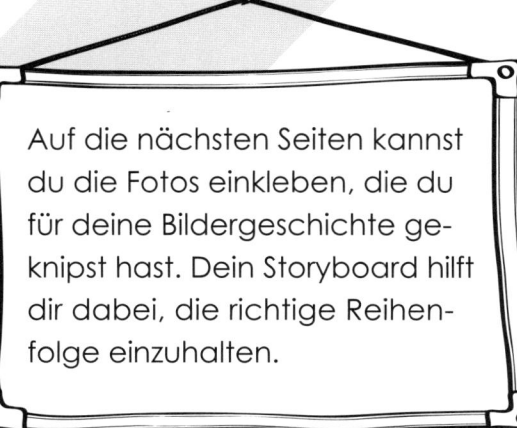

Auf die nächsten Seiten kannst du die Fotos einkleben, die du für deine Bildergeschichte geknipst hast. Dein Storyboard hilft dir dabei, die richtige Reihenfolge einzuhalten.

Regie

Regie

ENDE

Mosaikbilder aus Flyern

Jetzt sind deine künstlerischen Fähigkeiten gefragt. Bestimmt habt ihr während des Urlaubs jede Menge Flyer gesammelt. Suche sie dir heraus und schaue sie dir genau an. Auf vielen Flyern sind oft große Fotos abgedruckt. Genau diese brauchen wir jetzt. Reiße die Fotos in kleine Schnipsel. Reiße sie so, dass sie möglichst einfarbig sind. Die Schnipsel sind nun deine Farben, mit denen du die Schwarz-Weiß-Bilder auf dieser Seite beklebst und sie somit zum Leben erweckst. Auf dem Foto rechts kannst du das Motiv genau erkennen. Lass deiner Kreativität freien Lauf, schließlich muss ein Elefant ja nicht immer grau sein!

Die gute Tat! ←⋘

In vielen Ländern geht es Kindern und ihren Familien viel schlechter als uns. Viele Kinder können nicht zur Schule gehen. Du denkst vielleicht, dass das doch super ist – kein frühes Aufstehen, Hausaufgabenmachen und Lernen für Schulaufgaben.

Doch diese Kinder haben keine Freizeit. Sie arbeiten und müssen Geld für die Familie verdienen. Mache dir doch, bevor du in den Urlaub fährst, ein genaues Bild über die Situation in deinem Urlaubsland. Vielleicht kannst du dort etwas Gutes tun?

Lebensmittel

Schulmaterial

Geld

Klamotten

Aber nicht nur im fernen Ausland, sondern auch bei uns gibt es Menschen, zum Beispiel Obdachlose, denen du mit einem Brötchen vom Bäcker oder einem Eis eine Freude machen kannst. Auch in Tierheimen freuen sich die Pfleger und Tiere über eine kleine Essensspende.

Meine gute Urlaubstat:

Was hast du geplant?

Heute hast du jemanden sehr glücklich gemacht! Male ein Bild von deiner guten Urlaubstat!

Meine neuen Freunde

Bestimmt hast du im Urlaub viele neue Bekanntschaften gemacht. Trage sie hier ein.

Name: _____

Adresse: _____

_____

Hier haben wir uns kennengelernt: _____

Name: _____

Adresse: _____

_____

Hier haben wir uns kennengelernt: _____

Name: _____

Adresse: _____

_____

Hier haben wir uns kennengelernt: _____

Das Postkartenrennen

Kurz bevor es wieder nach Hause geht, wird es Zeit für ein spannendes Postkartenspiel! Jedes mitgereiste Familienmitglied kauft sich eine Postkarte und schickt sie an den jeweils Jüngeren. Der Jüngste sendet seine Karte an den Ältesten! Auf die Postkarten schreibt jeder, was er an dem anderen im Urlaub total super fand und was er unbedingt zu Hause wiederholen möchte. Sind die Postkarten fertig geschrieben, werden sie in unterschiedliche Briefkästen im Urlaubsort eingeworfen.

Schon gewusst?

Eine Briefmarke hat 5,9 Kalorien. Das liegt an dem Zucker auf der Rückseite. Wird dieser angefeuchtet, klebt die Marke bombenfest!

Wessen Karte wird wohl
als Erstes ankommen,
trage hier die Namen ein!

1 _____

2 _____

3 _____

4 _____

5 _____

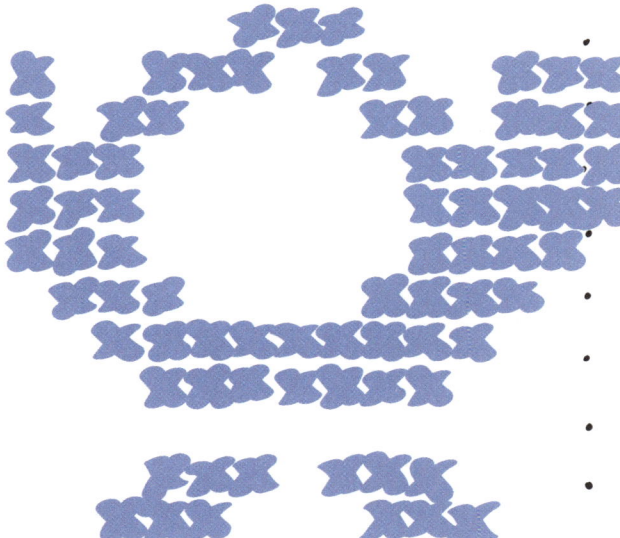

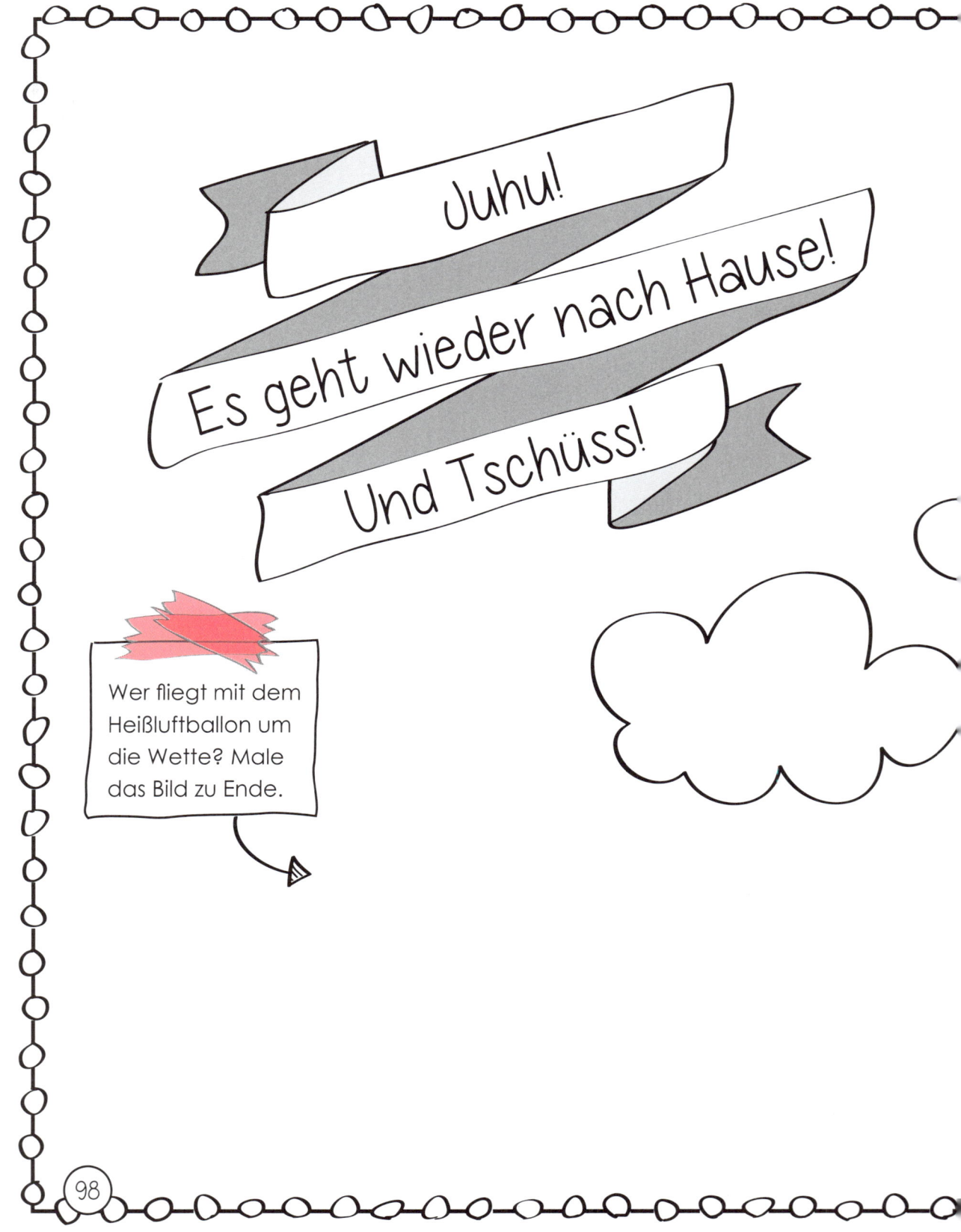

Juhu!

Es geht wieder nach Hause!

Und Tschüss!

Wer fliegt mit dem Heißluftballon um die Wette? Male das Bild zu Ende.

Der tollste und

Der tollste Tag war am:

Schreibe in jeden Sonnenstrahl, was dir gefallen hat. Wie viele Sachen fallen dir ein?

der schlimmste Tag!

Der schlimmste Tag war am:

Das müssen wir beim nächsten Mal besser machen!

_____

_____

_____

_____

Das hat mich voll genervt!

Ab nach Hause!

Bald ist der Urlaub zu Ende und es geht wieder nach Hause. Worauf freust du dich schon am meisten?

Mein Spielzeug

Meine Freunde

_____

Das werde ich als
Erstes machen: _____

Wenn ich wieder zu Hause bin,
rufe ich sofort _____
an und berichte von unserem
Urlaub!

Ich habe schon
riesigen Hunger auf:

_____

_____

_____

Male dein Lieblings-
essen auf den Teller.

Urlaubsrückblick

Mein Andenken
an den Urlaub:

Wow! Das hätte ich nie
über meinen Urlaubsort
gedacht:

_____

_____

_____

_____

_____

_____

_____

Mein
Urlaubsranking:

Das war lahm:

_____

_____

_____

_____

_____

Das war WOW:

Ich Schlaumeier!

Im Urlaub habe ich jede Menge gelernt!

Die Geschichte des Lands:

_____
_____
_____
_____
_____
_____
_____

Diese Berühmtheiten kommen aus
meiner Urlaubsgegend:

_____
_____
_____
_____

So sieht sie aus:

Die Natur hier ist ganz besonders.
Beschreibe sie:

_____
_____
_____
_____

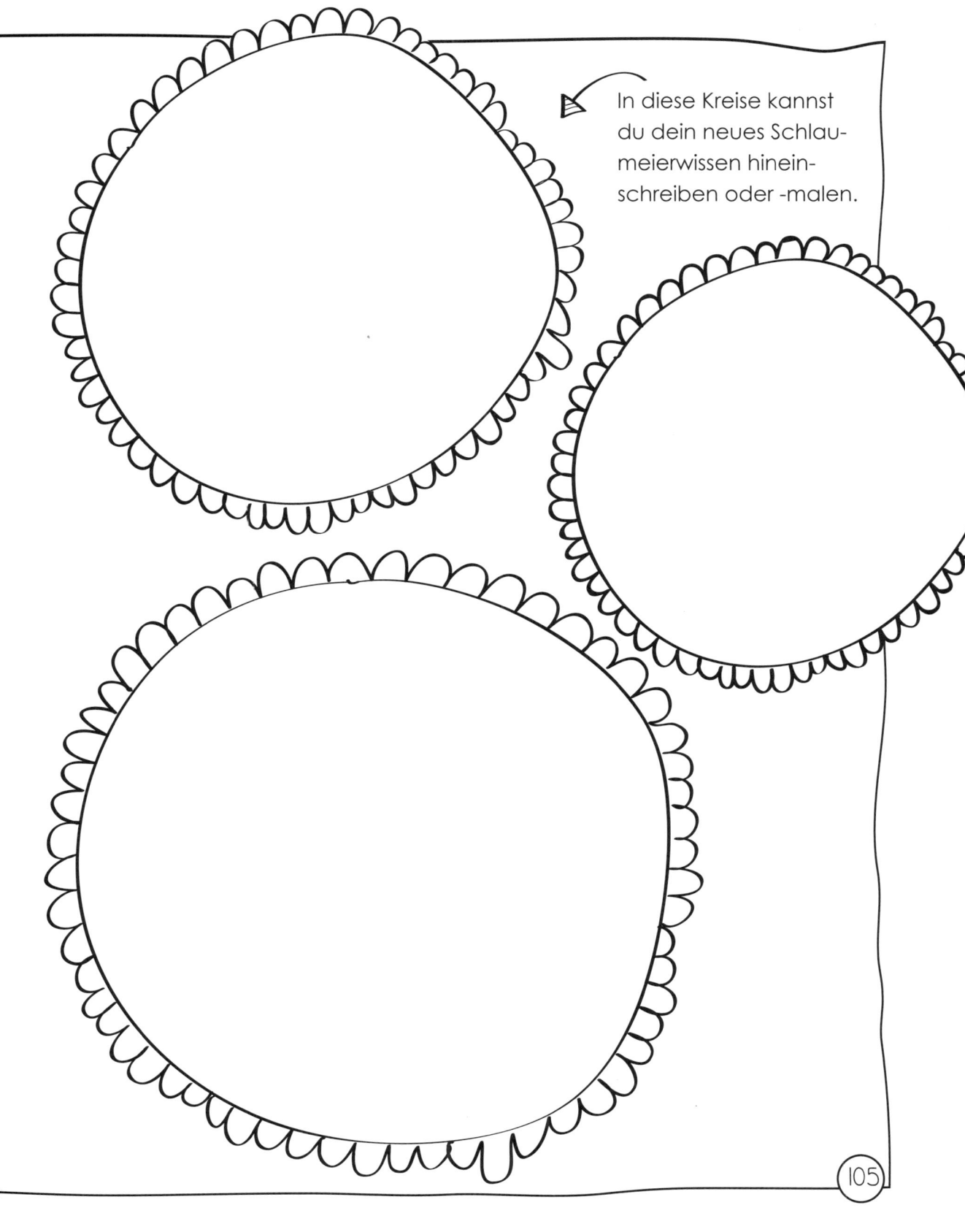

In diese Kreise kannst
du dein neues Schlau-
meierwissen hinein-
schreiben oder -malen.

Anhänger und Co!

Kofferanhänger, Lesezeichen und Infokärtchen werden dir im Urlaub sicherlich nützliche Begleiter sein! Die Vorlagen dazu findest du noch einmal auf dickem Papier hinten im Buch zum Ausschneiden.

Kofferanhänger

Schneide den kleinen Wolkenanhänger aus, beschrifte ihn und ab damit an deinen Koffer! So kommt er sicher am Ziel an.

Heimatadresse:

Name:

Urlaubsziel:

Lesezeichen

Mit diesem Lesezeichen kannst du dir deine Lieblingsseite im Buch markieren. Einfach ausschneiden und entlang der pinken Linie einschneiden.

Infokärtchen

Unterwegs in einer fremden Stadt solltest du immer dieses kleine Kärtchen bei dir haben. Auf diesem kannst du deinen Namen, den Namen deiner Unterkunft und die Telefonnummer deiner Eltern eintragen. Solltest du dich einmal verlaufen, was hoffentlich nie passieren wird, zeigst du die Karte einer Verkäuferin oder einem Polizisten. Sie werden direkt deine Eltern anrufen und solange auf dich aufpassen.

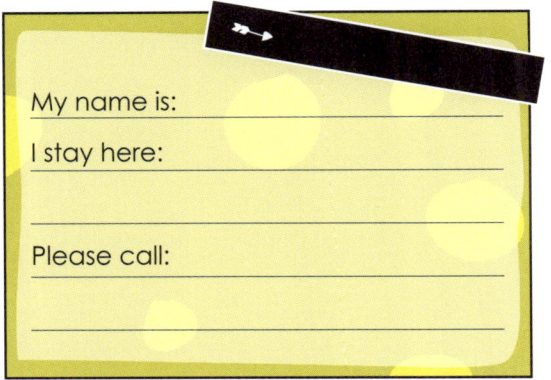

My name is: _____
I stay here: _____
_____
Please call: _____
_____

Wenn du dich verläufst:

1. Gehe zurück an den Ort, an dem du das letzte Mal mit deinen Eltern gesprochen hast.

2. Ganz wichtig: Gehe nie mit fremden Personen mit. Für den Fall, dass das doch einmal notwendig ist, da deine Eltern dich selbst nicht abholen können, legst du am besten zuvor ein Codewort fest. Dieses Codewort, zum Beispiel der Name deines Lieblingsfussballspielers, muss die Person dann nennen. Kennt sie das Codewort nicht, bleibst du, wo du bist, und gehst auf keinen Fall mit der Person mit!

Denke dir das Codewort zusammen mit deinen Eltern aus!

Unser Codewort:

Über die Autorin

Jessica Stuckstätte lebt und bastelt in Hamburg. In ihrem kleinen Atelier herrscht kreatives Chaos, an dem sie uns in ihren Büchern, DIY-Tutorials und auf ihrem Blog www.kinnertied.de teilhaben lässt. Ihre Inspiration findet sie im Alltag und da wird kein Bereich ausgespart: Von der Verschönerung der Vorratsgläser bis hin zum Selbergießen einer Kleiderstange – für Jessica gibt es nichts, das nicht noch mit etwas Glitzer und Sprühfarbe optimiert werden kann.

Danksagung

Es war ein bunter, spannender und immer wieder überraschender Herbst vor meinem Computer. Mit ganz viel Freude habe ich mir zusammen mit meinen Lektorinnen Annika und – in der weiteren Ausarbeitung – Natascha Ideen ausgedacht. Ich danke euch sehr für euer Vertrauen und die Möglichkeit, dieses tolle Buch zusammenzustellen! Ich bin auch Martin unglaublich dankbar. Er hat sich meine gestalteten Seiten immer wieder mit dem nötigen Abstand angeschaut und mich in die richtige Richtung gelenkt.

Maren, wie immer war es ein großes Vergnügen mit dir! Die Fotos sind toll geworden! Ich bin so froh, dass der nächste Fototermin bei uns beiden immer schon feststeht und es bis zur nächsten Requisitenexplosion in deinem Studio nie lange dauert.

Anhang ➔

Auflösung Seite 10, Fremdes Land – fremde Sprache:

Italien	England
Spanien	Türkei
Deutschland	Polnisch
Frankreich	China
Griechenland	

Anhang ←«

Auflösung Seite 38, Zahlenrad:
89, 58, 12, 96, 63, 76, 44
81, 75, 32, 5, 58, 23, 64

Auflösung Seite 39, Kreuzworträtsel:

Auflösung Seite 39, Dreiecke: 13 Dreiecke

Auflösung Seite 40, Buchstaben: Abenteuerlust

Auflösung Seite 41, Stimmt's:

Falsch.
Stimmt.
Stimmt.
Stimmt, Papua-Neu-
guinea.
Falsch, 11.000.
Stimmt.

Falsch, etwa acht Liter.
Stimmt.
Falsch, 194 Staaten auf
fünf Kontinente verteilt.
Richtig, er heißt Aril.
Falsch, etwa 2600.
Richtig.

Auflösung Seite 41, Sterne: 19 Sterne

Vorlage Kameragurt, Seite 12:
Die Vorlage findest du auch unter
www.emf-verlag.de/reiselust zum
Ausdrucken.

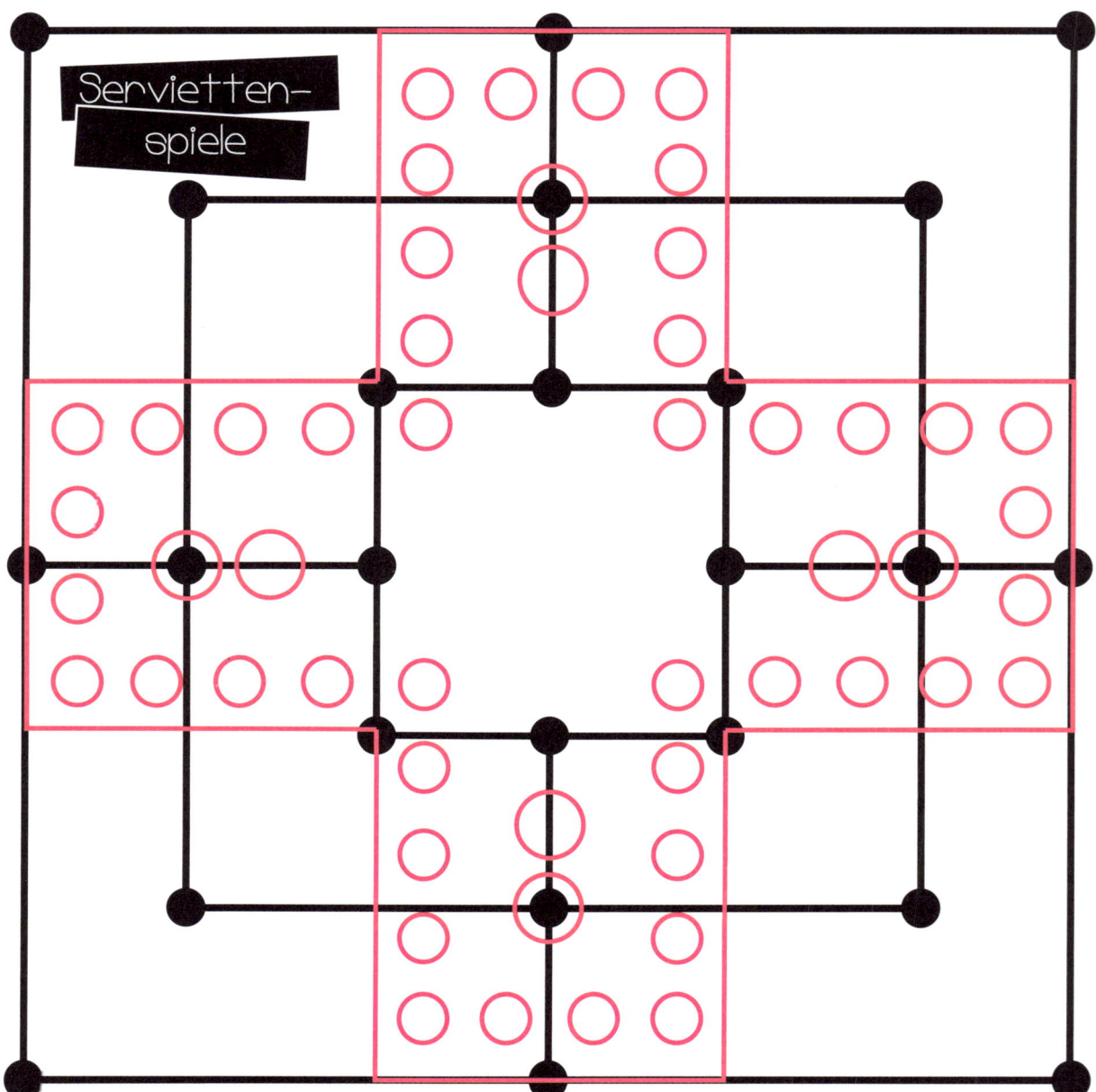

Vorlage Serviettenspiele, Seite 66
Die Vorlage findest du auch unter www.emf-verlag.de/reiselust
zum Ausdrucken.

Auflösung Seite 68, Schattenspiele:

Hund, Bär, Wolf, Gans, Vogel, Kamel